I0064229

NEW RULES FOR OPERATIONS PORTFOLIO MANAGEMENT

运营组合管理的新规则

BUILDING YOUR BUSINESS FUTURE

创建您的商业未来

WARRIOR AND AUTHOR

屠霖 著

目录

插图目录

运营组合管理的新规则
创建您的商业未来

为什么我为您写了这本书

这些日子里，创新概念是非常受欢迎的话题。他们只有像艾伦马斯克或史蒂夫乔布斯这样的人才能做到吗？他们对我们意味着什么？

我在过去的几个月的早上和周末写了这本书，因为我想帮助所有有疯狂梦想和想改变现状的人将它们变为现实。我想帮助您成为那些不仅有疯狂梦想和考虑改变现状，而且能将这些想法变为现实的企业家之一。

我不是在谈论学术领域，也不是在谈论可以从互联网上获得的信息或数据。我在谈论真实环境的经验和案例，这些经验和案例可以帮助您以更加一致和高效的方式开展业务，专注于实际结果。

当我们有很多想法时，我们必须有系统的方法来管理业务的各个方面。对于一个企业的成功，产品品牌，市场活动，最佳实践的分享都被认为是一个很重要的因素。

在一个企业内，我们需要：

- 让大家在同一层次上了解我们需要完成的任务，
- 确定哪些是我们需要关注的最重要的事情，
- 考虑我们必须依靠哪些部门和哪些专业人才来获得解决方案，并且
- 了解我们的承诺及其持续发展。

我们的生活应该有目标。我们的存在应该对其他人有所帮助。我们的快乐是基于实现我们的目标同时能够帮助别人。

我想帮助企业家扩展他们的知识并建立他们梦想中的成功事业。

我希望我已经成功了一小部分。如果我的这本书对您事业的成长，和您目标的实现有任何帮助，我都会非常高兴。

自我简介

运营管理是艺术也是科学。我是一位通过平衡运营管理的艺术和科学实现真正成果的执行官。

我是企业家并曾在多家大型跨国公司担任高级管理职务。

在这些大公司的工作经历很好地帮助我做好了建立和管理自己企业的准备。

我有机会管理大型跨领域的全球团队，将并购后的多家公司的运营整合成一个对企业战略计划至关重要并与其保持一致的综合模式。

利用产品部署和运营管理技能的创业经历，我推出了多个成功的企业和业务。

很幸运，我拥有一个美好的家庭和两个孩子，在过去的 25 年中我大部分时间都在硅谷。

如何马上从这本书受益

对于基本概念，您可以阅读“什么是运营组合管理（OPM）”一章。

要了解最新趋势，您可以阅读“今日 OPM 的最新规则”一章。

为避免常见错误，您可以查看 “OPM 行为准则”。

“OPM 的技巧和提示”，“执行官需要知道的秘密”和“误读与误解”部分为您提供了额外的提示和解释。

对于实施运营组合管理，您可以参考“运营组合管理 SPOT”。

” OPM 基础知识“为您提供了有关运营组合管理的所有详细信息。您最后可以参考真实案例研究，以了解我的真实实战体验。

什么是运营组合管理（OPM）？

组合管理通常与财务策略相关联。您可以通过调整不同投资的组合和金额来管理投资组合中的风险和投资回报。

通常情况下，不同的投资不会同时上涨或下跌，也不会同时涨跌相同的程度。您不会将所有资金都集中在一个地方，而是将其分散开来，并创建各种不同类型的投资组合，例如股票、债券、小盘股、大型股、国内基金和国际基金等。

同样，这种思维过程也可以应用于包括创新在内的企业战略规划。不断创新的公司不会把所有的鸡蛋放在一个篮子里。相反，他们创建了不同类型，技术和市场的创新项目组合，根据不同的时间段，用比较少的金额投资一定数量的早期项目。然后，公司通过分配不同的资源来积极管理这些投资组合，并定期取消一些不太成功的项目，同时加倍投入有起色的项目。

比较常见的情况是很多公司很难将成功的创新推向市场，因为他们没有足够的自律来管理这些创新项目的组合。有些企业会让表现不佳的产品继续下去，而不转而投资其它更具有潜力的产品。

运营组合管理包括协调和优先提供资源给符合企业战略目标的产品和项目。它涵盖了创新技术研究、新产品开发、短期和长期投资、资产管理、后续服务、融合与并购、符合法律法规的项目和 IT 项目。

运营组合管理是一个或多个投资组合的综合管理，它包括统一不同部门对企业战略目标的认识，对不同产品和项目的优先级管理，加强管理和监控各种产品开发、项目实施、后期服务和其他相关工作，以便达成整个企业的战略目标。

- 如果一个企业没有大项目，但有多个单独项目，所有这些单独项目可以分为一个或多个投资组合。
- 如果一个企业有多个项目群, 但是没有单独项目，所有这些项目群可以分为一个或多个组合。
- 如果一个企业有多个项目群, 也有多个单独项目，所有这些项目群和单独项目都可以分为一个或多个投资组合。

>> 插图：企业投资组合 <<

企业投资组合的项目管理结构包括：

1. **项目经理**管理所需的活动，以保持项目的控制，并在规定的误差水平内完成项目目标

2. **项目群经理**监督分组的单独项目并协调他们之间的工作
3. **投资组合经理**对企业提出的整个战略的成功负责

项目群**管理**着重于保持与投资组合管理的一致性，从而实现企业的战略目标。 因此，投资组合管理的部分功能是协调企业的战略业务目标的实现以及**项目**群的运行。

运营组合管理（OPM）侧重于确保项目和其它投资业务的优先顺序，以确保资源的合理分配能够考虑到企业的战略。 简单地说，投资组合经理关注的是企业整个战略的成功，而不是单个项目的成功。 因此，投资决策通常在投资组合的层面进行。

OPM 将企业的愿景和使命转化为实际的项目。 它推动整个企业建立和实施具体的投资组合，并有效地管理投资组合内的大小项目。

OPM 专注于创新战略的执行。

战略执行的管理中有很多因素，例如项目实施的整个流程，具体项目的管理和相关的管理结构。 OPM 把所有这些都结合在一起，确保所有执行活动与战略目标完全一致。

OPM 可以更好地管理各个项目之间的相互依赖关系和资源平衡。 涉及多个项目的全球或本地的每个业务职能，都必须合理地分配资源，以满足其执行和支持的承诺。

OPM 支持综合的规划和具体资源的分配，同时协调和平衡满足这些项目所需要的技能和技术要求。

此外，OPM 能够协调正在进行和即将开展的项目之间的相互依赖关系，最大限度地提高整个投资组合的效率。

不同的企业功能会在不同时间参与项目。 例如，研发和市场营销在整个项目的执行过程中， 在不同阶段会采取不同强度不同程度的介入。

OPM 允许各个业务职能部门规划他们负责的活动，适当地分配他们的资源并履行他们的承诺。

虽然每个业务职务都为他们自己制订计划，但他们应该注意不要建立和企业目标不同的项目组合。

运营组合经理不仅要确保项目和其它业务活动的交付，还要确保在执行过程中有效利用资源。

是什么使得 OPM 对您的公司至关重要

创新企业所面临的挑战

- 超出本身的能力和资源，同时做很多项目和各类业务
- 企业的多个业务，同时竞争紧缺的各类人力物力资源
- 许多项目在同一时间内完成
- 各个部门有自己的打算，没有完全统一思想
- 多个项目没有办法按时完成
- 大家的时间被很多琐碎事务占用
- 缺乏明确的战略方向
- 目标和项目之间的差异很大，缺乏协调
- 项目执行计划和管理控制不善

>> 插图： 面临的挑战 <<

在当今现实世界的商业环境中，许多公司都在激烈的竞争环境下挣扎，希望找到某种方式实现最佳的投资组合。例如，他们可能在同

一时间做很多项目，使用同一批人员和设备同时做不同的项目，并且希望在相同的时间段完成多个项目。但是最终的结果是，他们无法达到原先预想的结果。

我们必须首先要做的是，暂时停止我们的工作，评估现有的项目审批流程，只有把我们所有的工作做一个优先化，采用一致性和标准化的方式才能取得更好的结果。

另一个挑战是不同人员和部门之间的合作。为了完成工作，它必须涉及整个企业的许多职能的协作和参与。管理不同的部门、不同的地理位置和不同的时区并不容易。为了应对这个挑战，我们需要一个组织化的和标准化的方法。

还有一个挑战是，许多高管非常乐观高估自己的能力，这可能会转化为将更多项目列入名单，但企业并不能同时完成所有任务。大家很容易觉得我们可以做很多，但通常我们实际上并不能做这么多。

并不是所有人都意识到：

- 企业中存在很多限制，加上
- 我们只有有限的资源

我们必须准备做出困难的决定：

- 我们可以做什么样的事情，
- 我们不能做什么样的事情，
- 以及，我们有能力，和想要做的事情的优先顺序

我们必须认识到当今世界的商业动态：
周围环境正在迅速改变。

例如，我们在执行一个项目，需要有很多资源。 如果商业环境发生变化，优先顺序必须改变。 这些资源必须重新分配，把他们重新分配给更重要的项目。

我们必须能够调整项目的优先顺序，范围，时间表和资源，才能适应具有竞争性和不断变化的环境。

主要的问题通常包括，不适当的资源管理，团队成员之间的不和，不恰当的资源使用，以及市场需求和实际产能不能够很好地配合。

领导者必须更好地理解如何用实际的方法来实现资源利用的最大化，最大限度地减少生产力损失，从而达到期望的好处和结果。

企业资源的供需匹配

企业经常面临的一个问题是资源的供需匹配。

分配给项目的资源太多会导致浪费，而太少则会导致业务执行受挫，并使项目经理和团队陷入困境。

例如，在网络领域，可能有数量有限的资深网络工程师专门从事项目工作。 他们都已经有了 100%的工作量。 在这种情况下，如果我们再增加上马新的项目，就会出现技术人员供不应求的情况。 我们希望这些工程师能够立即参加这些新的项目。 显然，他们没有多余时间这样做，因为他们已经处于满负荷状态。

其结果是，新项目必须延迟上马，或者正在进行的项目必须推迟。

就像一个产品有一千个零件，最关键的始终是那些供不应求的一两个零件。

如果我们没有把所需的技术资源做合理的供需匹配，就会引起关键资源的超负荷。这些关键资源通常会陷于许多小型项目的工作，而不是集中在大型突破性项目。

虽然企业经常有很多项目同时进行，但这些项目是否是合理正确？OPM 将回答这个问题，并帮助您完成关键项目。

不断增加的产品复杂性，加速的商业节奏，以及不断增长的市场需求，对我们有限的现有资源能力来说是一个挑战。

另一个挑战，是在很大程度上依靠传统的金融方法来做出投资决策。

投资决策通常使用投资回报率和投资回收期等金融方法来确定。 这些方法可能适用于某些传统项目。

金融方法的缺点是倾向于支持渐进优化的传统项目，并将许多新兴项目搁置，除非这些新兴项目能有低风险和非常确定的回报。

战略资源

未能预先保留战略资源对于许多企业来说相当普遍。

这往往导致企业无法利用足够的战略资源来执行一些重大提议和突破性项目。

以下指导方针将有助于领导层做出资源分配决策并改善企业的组织结构。
- 避免平均主义，或过度重视某一个单一项目

- 统一各个部门的思想，并采用较少的优先级评估标准
- 仔细评估和不断挑战所需要的企业资源，并评估备选方案
- 找到关键路径 (Critical Path)

请参考“**战略资源分配**”部分了解更多详情。

资源管理必须是整个运营组合管理的非常重要部分。

否则，在投资组合优先化之后，必要的资源可能已经被投入到其他项目中，从而造成没有足够的资源可用于执行更重要项目。 这往往导致重要的项目被推迟，或失去项目执行的有利时机。

通过运营组合管理促进创新

“**创新**”一词在商业世界中被广泛使用。

让我们谈谈当我们讨论“创新”时的含义。

什么是创新？创新等同于有一个很好的创意和想法吗？

许多人认为创新就是有一个很好的创意和想法。

其实，创新不仅仅是想法。这个想法一定需要有后续行动。在做出决定之后采取行动，创新才会变成现实。

在我看来，创新的 1%是创意的想法，执行率是 99%。

创新与好的创意想法概念不一样，创新是好的创意想法加上具体的执行。

另一个被误解的术语：“**执行**”。

有些人认为执行就是根据项目需求，排好进度和利用所需资源来完成一个项目。事实上，为了实现一个伟大的创新，执行不能够仅仅只是项目交付。

执行是关于使用运营组合管理（OPM）来具体实施企业的战略目标。

一个有效并能解决许多企业所面临挑战的解决方案是运营组合管理（OPM）。

只有把企业的战略、公司运作的流程、组织结构和技术实力结合在一起，才能使创新成为可能。

执行力是创新的倍增器，这意味着一个能够在一些好的创新上执行得很好的企业，比那些有很多伟大的想法而没有办法执行的企业更强大。

执行并不意味着交付某个项目。事实上，执行是关于利用运营组合管理（OPM）来实施企业的战略目标。

是什么让 OPM 对于创新如此重要？

在企业范围内采用 OPM 的理念有很多**好处**。

- 通过建立协作优先级框架来简化决策。
- 控制个别项目的风险和企业项目组合不同级别之间的风险，以最大限度减少对企业业务的影响。
- 通过更好地监控和提高使用率来优化企业资源。
- 为所有企业的利益相关者提供更好的沟通和帮助。
- 确保运营组合管理和绩效管理的持续改进。

简化决策过程

- 管理层可以同时从企业战略角度自上而下，以及自下而上的具体细节中，看到项目执行的绩效。
- 根据以前的项目指标（包括执行周期和资源利用率）来预测将来的表现。
- 还可以发现某些项目对企业的优先级和目标并没有产生直接利益。 管理层可以重新确定正在进行的项目并根据需要来重新分配关键资源。
- 它有助于管理层了解一个项目的变化如何影响其他项目的交付。
- 它还使管理层能够评估多种情景的评估，以确保获得批准的项目确实有助于实现企业的目标。

更好的风险控制

一个企业一定会存在多种不同的风险，可能包括人力资源、财务管理、组织结构和项目管理不善等。

通过 OPM，管理层可以清楚知道项目的收益和成果，同时还可以找出和识别那些达不到企业目标的项目。

OPM 还能确保管理层的问责制，以确保在项目执行过程中各个部门能够履行自己的责任。

优化资源利用率

- 标准化方法使管理层能够更好地了解资源利用情况。
- 它可以减少重复的工作量，降低整体项目成本。
- 它还提倡各个项目采用硬件仪器设备的企业标准，降低硬件采购和维护的总体成本。

- 在项目高峰需求期间，管理层可以根据项目总体和某个特定时段的需求并相应地重新部署资源。
- 最后，它为管理层提供了更好的可见度，能够尽早的解决资源短缺问题。

更好的可见度和更好的价值回报

OPM 确保所有项目的利益相关者都能够了解项目的状态和执行结果，这样对项目的优先级和执行进度方面给予他们更有利的参与。

此外，利益相关方可以访问多种类型的项目实施信息，包括管理层级别的项目摘要，项目的优先级状态，和详细的项目执行状态。 高级管理层，业务经理和项目经理大家都可以从单一的，而不是不同的来源，来获得一致的项目执行数据。

建立持续改进工作的框架

OPM 提供了一个流程框架和技术基础设施，使企业能够不断执行各类项目来实现企业的目标。

OPM 基于已有的最佳实践，结合企业内部使用的知识库和模板，实现了可重复的和一致性的项目的成功执行 。通过不断借鉴和积累过去的经验和教训，今后的项目运作将会得到改善和提高。

在适当结构的 OPM 的支持下，企业可以从被动转为主动。

有了 OPM，我们能够：

- 使投资回报最大化，例如研发、生产能力和市场活动方面
- 优化稀缺资源的利用
- 加强企业战略，和项目选择之间的联系
- 专注于优先的项目和活动
- 维持短期与长期、高风险与低风险项目之间的平衡

- 使企业内的优先级透明化
- 标准化项目选择流程

请参考“**运营组合管理 SPOT**”部分了解更多详情。

OPM 在当今世界中的最新变化和更新

发展创新战略

企业必须制定量化的明确战略、设立长期目标、准备专用资源以发展创新战略。研究证明，怀有明确目标的企业更能在发展突破性创新方面取得成功。因为那些公司拥有更明确的目标，所以它们在突破性创新方面拥有更多的经验。

另外，越成功的企业，往往对他们计划投入的资源有明确的分配目标。

与短期项目相比，维持突破性项目的承诺则存在一些挑战。要对付长期项目和短期项目之间的冲突并不简单。

设立明确的目标、明白即将来临的挑战是至关重要的。企业必须制定具有专门资源的长期方案，特别是针对项目中即将来临的关键阶段的方案。

常见的挑战有：

- 无法把长期目标排上日程
- 短期的日常运营活动分散或阻碍了长期的突破性努力。

为确保最高管理层的单点问责制和承诺，企业必须采用一种可以确定长期问责制和承诺的管理方法。一个专门的项目团队是实现这一关键管理的最有效方式。

>> 插图：创新战略 <<

通往成功创新的道路，从遵守如下战略原则开始。

- 追求不寻常的目标。不寻常的目标迫使我们去考虑非传统的流程和技术平台，以此推动突破性创新。
- 专注未来。
- 把第一重点放在客户的知识和关系上，并把第二重点放在成本降低上。
- 在完善现有活动的基础上强调流程创新。
- 使用先进技术驱动优秀运营。
- 专注横跨整个企业的关键的核心提议。
- 以结构化授权的新型创新方式使用人力资源。
- 找出并利用由突破带来的新增长机会。

创新目标模型

>> 插图：创新目标模型 <<

资源分配的黄金比例

70%

CORE 核心

20%

ADJACENT 临近市场

10%

TRANSFORMATIONAL 市场和产品创新转型

>> 插图：资源分配的黄金比例 <<

创新收益最大

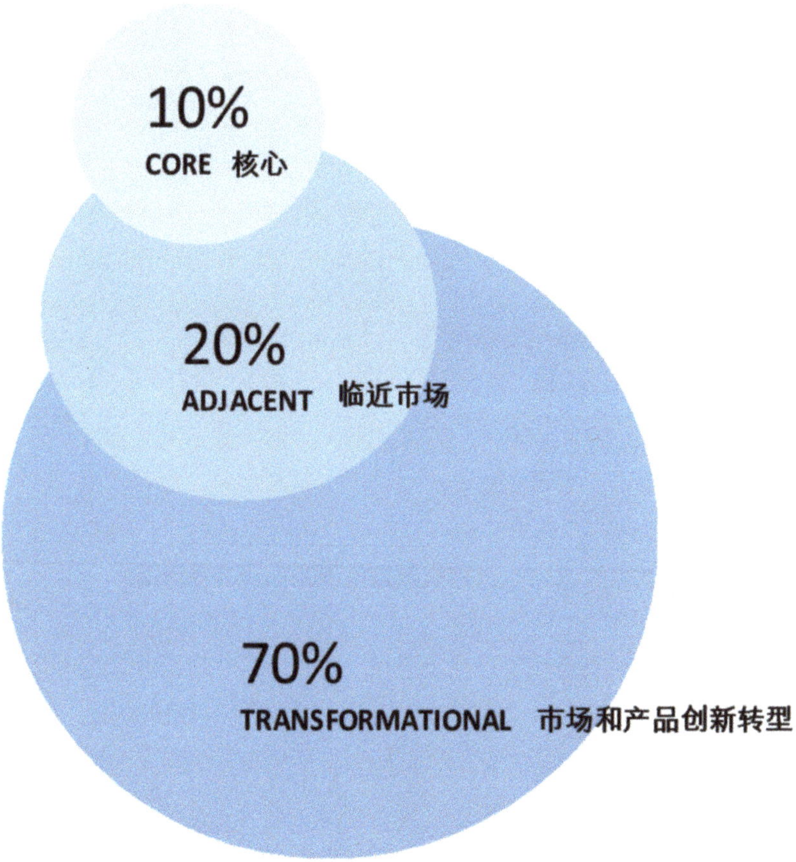

10%

CORE 核心

20%

ADJACENT 临近市场

70%

TRANSFORMATIONAL 市场和产品创新转型

>> 插图：**创新收益最大** <<

不同目标、不同分配

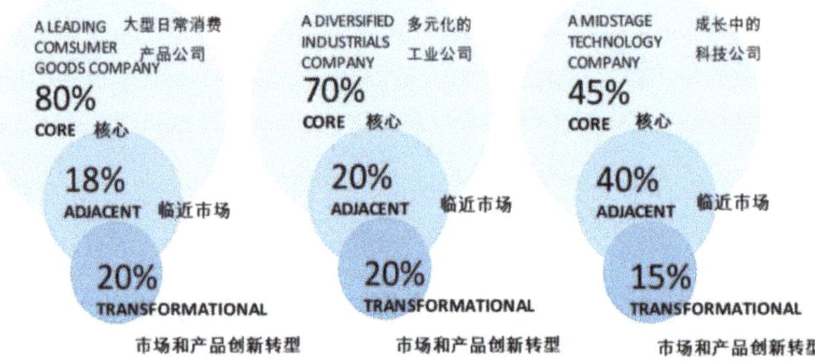

>> 不同目标、不同分配 <<

创新可分为两个部分，分别是**渐进性创新**和**根本性创新。**

渐进性创新是在现有的产品上进行一些微小的改动，通常面向已有的市场和客户。这一类创新发生在公司收到客户反馈的时候，因为客户会基于它们使用产品的体验和对当前技术的不满提出重要的改进意见。

另一方面，**根本性创新**建立了一套新的核心设计概念，由技术、市场和管理机构驱动。根本性创新的流程包括全新产品的创造。

您的公司可能有大量的渐进性创新和根本性创新项目在竞争稀缺资源。

如果是这样的话，OPM 在关键的决策中起着有效的重要作用，因为我们能够根据 OPM 框架下提供的信息在正确的时间选择正确的项目和投资——这对于取得产品创新竞争的胜利至关重要。 一个拥有新产品和新技术的平衡组合是产品创新取得成功的关键。

现在的运营组合管理（OPM）如何不同

传统的运营组合管理方法存在许多问题。

- 不准确或不客观的信息。不同的项目经理以不同的方式提供数据，导致格式完全不一致以及不同潜在项目的知识水平差异极大。因为项目经理也知道只有高优先级的项目才能赢得资源，所以他们就会有意地引入不公正的、有误导性的信息来提高他们项目的优先级。

- 缺少一致的优先化方法。 企业的领导层要努力做出一致的决策，从而实现最佳的业绩。但要决定哪个项目是最高优先级并不简单。

- 超负荷资源。如果没有适当的计划，资源缺口会严重影响项目执行。例如，企业中所有项目所需的某类专业工程师数量有限。这些专业工程师没有办法在每个项目上花费所需的时间，从而导致完成任何项目都是非常困难的。

- 敏捷性。周围环境正在迅速改变，改变的频率仍在增加。传统的运营组合管理容易让该流程僵化。这让企业在应对经常发生的商业变化时速度更慢、难度更大。

现在的运营组合管理（OPM）如何不同

更好的工具

- 简化的 OPM 删除了不必要的部分，专注于关键领域、制定战略、优先化、优化和追踪。使用标准工具可以实现高效率、高透明度和所有业务职能的高一致性。

更快的制定决策

- 有效的运营管理缩短了决策制定周期。传统的决策是在信息不易获取或不对所有利益相关者公开的情况下制定的。而在当今世界，随着更新技术的产生，一切都在迅速改变。企业也必须提高运营组合的管理速度。

多种视角

- 不同于已有的流程和方法，如今企业有许多新工具和新的思考方式。领导层可以从多种项目中评估更多的选择，使用软件工具来确定业务的价值。在多种视角下，领导层可以拥有更宽的视野，能带来更好的战略决策。

可适应的优先化方法

- 企业要专注于可适应战略，其可以对迅速改变的商业环境做出快速响应。
- 新信息在该系统中可以迅速传递，帮助管理层迅速响应并做出必要的优先级调整。

OPM 行为准则

在制定企业战略和目标调整方面，一定要考虑和包括企业中的所有职能。

公司的整个领导层都应该对战略的实现方式有一个明确的愿景。收集整个企业各个部门中的建议和想法非常重要。

如果大家在公司的目标上不能达成一致，那就一定要花时间与他们沟通。更需要详细地描绘出企业的战略图景，为什么要这样，并解释这些方案如何才能实现目标。

不要认为让企业所有领导层参与到决策制定过程是失控的表现。相反，让领导层完全参与决策制定能提高生产力、创新力和公司的士气。

确保将您的项目和您的战略联系起来

如果大量的内部协调都能正确完成，那么您应该已经确认过项目列表，并且充分考虑过它们对企业战略的贡献。

项目列表是正确的，而且已经有了尽可能创新的可信赖的解决方案，我们应该为此感到满意。

但如果我们无法确定我们的项目是否符合企业的战略呢？

画一个简单的模型。把您的战略目标放在坐标轴中，把您的项目放在另一个坐标轴中。

与您的执行官讨论一些假设的情况，持续讨论直到您们都认为已经

100% 合适。

这个模型还产生了额外的价值：它不仅帮助您找出合适的位置或促进讨论，还能成为后期阶段中良好的沟通工具。

	Criteria 标准 / Weight 权重	保持核心竞争 Stay within core competencies	战略配合 Strategic fit	急迫性 Urgency	新产品销售额的 25% of sales from new products	将缺陷降低至 1% Reduce defects to less than 1%	提高客户忠诚度 Improve customer loyalty	增加 18% 的投资回报率 ROI of 18% plus	加权总数 Weighted total
		2.0	3.0	2.0	2.5	1.0	1.0	3.0	
项目	Project 1	1	8	2	6	0	6	5	66
项目	Project 2	3	3	2	0	0	5	1	27
项目	Project 3	9	5	2	0	2	2	5	56
项目	Project 4	3	0	10	0	0	6	0	32
项目	Project 5	1	10	5	10	0	8	9	102
项目	Project 6	6	5	0	2	0	2	7	55
	⋮								
项目	Project *n*	5	5	7	0	10	10	8	83

> 表格范例：项目和战略的融合度 <<

不要想当然

想当然是失败之母。

例如，您想当然地认为项目关键人力资源会在您需要的时候可用。但不幸的是，另一个项目有了延误，而这个关键人力必须先完成那个项目。 您应该时刻关注您的关键资源所属的当前项目的状态。

您想当然地认为所有企业都明白项目的优先级并且能完美地执行？不要想当然。一定要确认。

拥有一个仔细考虑过的透明的优先级计划。

用时间表明确所有进行中的已计划的提议。由于企业把所有项目都放在同一个时间表上，领导团队可以确定每个项目的收益和企业开始盈利的时间。

这是优先级计划排序的一个范例。A是最重要的，D是最小的优先级。

A. 政策规定和强制性的、符合法律规定的，或解决运营风险
B. 主要战略性项目（注意这不是列表中的第一项）
C. 优秀的商业回报项目
D. 一般的其它项目

不要期盼优先级和项目计划一成不变

如果您可以一次性草拟出运营组合和**项目计划**，把它发送给公司中的相关人员，就认为这是最终方案了？事情不会这么简单。

在现实世界中，一切都在改变，优先级和预算也在改变。一些项目

可能在几个月前还非常重要，但随着公司发生了一些变化，这些项目在未来几个月里就没那么重要了。为了应付潜在的改变，把您的运营组合和**项目计划**当做是当下企业的最新战略思考，但这并不是永久的。

您和您的公司在 OPM 过程中必须不断做出调整和改变。这是不可避免的。所以您越是把您的组合和**项目计划**当做一个过程，——而不是一成不变的组合方案，您的产品在市场上就越能取得成功。

一定要利用各类工具

软件工具，即使是电子表格的形式的软件也能帮助您规划优先级和安排所有参与团队的工作、追踪项目进度、促使管理层重视可能存在的问题。

这样，所有团队都可以在网上和手机等各种电脑设备上读取。更好的是，来自任何成员的任何更新都可以实时显示在组合绩效中。

这让高级领导层能够查看最新的组合绩效。

不要忽略风险

最成功的企业是专注于创造价值并且能持续取得成果的。随着时间的推移，通过持续不断取得的成果而实现企业的战略和目标，并最终创造了巨大的利润。

当然，长期的战略计划不会期望马上在短期内就达成很多的进展。

同时，由于新技术、更多的监管要求、增加的产品责任、财务挑战、拥有许多业务合作伙伴的企业拥有更高的依赖性，从而使大型项目变得更加复杂。全球市场的不确定性和政府的干预而造成很多外部风险。这些风险因素会导致合理项目的失败。很多执行官都能够提前预知风险。但是在很多情况下，这些风险被误解、被忽视、或者没有被妥善地管理。

风险管理让企业可以限制不确定事件的负面影响。风险管理流程包括风险管理计划、风险评估和风险减轻。 请参考下方的“**风险管理**”部分了解更多细节。

OPM 的技巧和提示

提示：执行初始项目评估

检查初始项目管理有关的任务，首先检查项目范围、时间表和所需各种资源。在设立项目的初始优先级前，一定要明确范围、确定时间表、并理解做这个项目的原因和推动者。

确保您有一个标准流程可以保证让有丰富经验的项目经理来参与，他们可以在短时间内提供大致的所需各类资源的估算书。这些考虑到各方面的资源估算书对于选择正确的项目是至关重要的。

资源的估算在可行性阶段，和项目的其它阶段重复进行。项目需要不断进行评估，判断其是否准时完成或需要推迟。还要评估该项目是否存在额外成本。 如下的健康检查有助于对项目的范围、资源和其他方面进行系统的评估。

>> 插图：提议项目的健康检查 <<

提示：不要试图去做所有事情，要有选择性地去做

不要试图去做所有事情，因为这意味着您可能最后什么都没有做成或者做好。

不要试图让每一个团队满意，因为这样最后可能会伤害整个公司的利益。

事实上，企业可以承担的项目远比大多数执行官想象的少。最好在现有项目到达下一阶段前控制批准新的项目。

优先级并不意味着可以把所有的可用资源分配给所有已知项目。为您的项目排优先顺序，只选择批准其中的前 30%的项目上马。暂时保留剩下的项目。在 3-6 个月后重复排优先顺序。由于新的项目产生，和已经进行中的项目进入到不同阶段，情况会有所不同，项目优先排序也会变化。

例如，我们可能用以下优先级规则，从已经申请的所有项目请求中排序和挑选。

优先化标准	评分		
	1 分	3 分	5 分
符合企业战略目标	低 1 个目标	中 2-3 个目标	高 4 个以上目标
产品协同效应	低 新销售、新支持、新生产的新产品	中 已有销售的新产品	高 已有市场、支持和生产的新产品
收益	较小 NPV < 100 万美元	中等 100 万美元 < NPV < 500 万美元	较大 NPV > 500 万美元
技术可行性	非常困难 需要解决较多的技术难题	比较困难 需要解决 1-3 个技术难题	简单 不存在已知的技术难题
产品市场性	低 很少接到询问	中 有一些关于产品信息的疑问	高 对新产品有强烈兴趣
竞争 & 智慧财产权（IP）保护	高 很多竞争者 没有 IP 保护	中 3-5 个竞争者 受到保护的 IP	低 0-2 个竞争者 受到严格保护的 IP
需要的人力资源	高 > 2000 工时，需要价值超过 10 万美元的外部资源	低 500 – 2000 工时，需要价值 5 万-10 万美元的外部资源	低 小于 500 工时，不需要外部资源
风险	高 管理、财务、技术或运营风险	中 存在一些管理、财务、技术或运营风险	低 极少的管理、财务、技术和运营风险

>> 表格范例：优先级规则 <<

提示：您必须使用组合管理控制实时报表

组合管理控制实时报表包括：

- 组合状态追踪器
- 项目甘特图
- 每个项目的单页摘要状态报告
- 跟踪注册的风险
- 注册的所有问题
- 组合项目的预算报告
-

下面的“**运营组合管理指标**” 有很多范例可以参考。

执行官需要知道的秘密

#1 执行官需要知道的秘密

您需要根据业务目标的动态持续调整和改善优先级。商业环境和需求是在持续改变的。 一些本来高优先级的项目可能会变成没有那么重要，而另外一些其它项目会变得更加重要。能够调整项目的优先级以满足商业的动态变化是非常重要的。

#2 执行官需要知道的秘密

项目管理和组合管理之间界限常常并不十分明确，因为人们会努力完成所有任务，我们曾在项目管理标题下就此讨论过。对于要应对很多项目的公司来说，明确 OPM 和项目管理之间的界限是很有意义的。

总之，OPM 专注于整个组合管理层次的战略决策，决定做应该做的项目。
而项目管理专注于单个项目的正确执行。把每一个项目做好。

#3 执行官需要知道的秘密

维持平衡

通过确定有益于您的商业目标的各类项目，来着手管理您的项目组合。例如，如果您有一项计划在消费者市场达到 1 亿美元的商业方案，您的方案可能不会涉及太多的企业内部项目。

当您启动多个项目时，您需要重新评估您的评分系统。您的评分系统要随着您的业务的变化而变化。例如，您一开始可能专注于 100 万美元到 500 万美元内的项目，如果您以后不改变评估标准，那么您会永远停留在这个范围。

您必须根据业务增长和动态市场的周期性调整您的评分系统。当赢得并完成各种项目时，您还必须对各类项目的组合进行调整，以反映出适合您业务的最佳项目组合。 因为您的评分系统中必须包含符合您的商业策略目标的因素，所以当您完成项目时，您还需要重新修正项目评估的标准。

请参考下方的“**需求管理**”部分了解优先级规则和流程的更多信息。

误读和误解

#1 误读和误解
OPM 是有关项目的执行

运营组合管理是从企业战略的角度，考虑所有的项目对战略目标整体之间的相关联系，加以综合地考虑。企业的运营组合管理，和项目管理之间的区别对于高层领导尤其重要。

管理层必须根据战略性匹配、财务可行性、企业能力和执行能力客观地考虑哪项项目提议拥有更高的优先级。

#2 误读和误解
OPM 只适用于大型企业和大额投资。

实际上，OPM 可以——也应该用于各种规模的公司，无论是小型、中型还是大型公司。OPM 在维持企业运作的规范，自律和一致起着重要作用。

#3 误读和误解
马上采用 OPM 的所有实践是最好的起点

很少有企业做好了完美执行 OPM 实践的准备。

我建议您可以先从这些方面开始：

- 定义运营管理的基本标准
- 决定如何评估项目的成本和收益
- 清楚了解如何估算劳动力和非劳动力资源的成本

- 理清利益相关者对项目的各种影响
- 项目开始前，就定好可测量的成功标准
- 计算出项目的投资回报率
- 了解实施项目的外部依赖性
- 充分考虑每个利益相关者的建议

#4 误读和误解

好的组合管理工具一定能让 OPM 成功地推广

我们需要在评估各类工具前回答如下问题：

• 管理高层对评估工作有没有直接的参与和提供财力支持？

• 企业的每个部门是否为运营管理的系统化做好了准备？

• 有没有清楚了解 OPM 对企业有哪些好处，并且能够做到？

组合管理工具的选择必须经过这些考虑。无论外部专家对各种管理工具的评价如何， 能够满足企业所有特定需求的就是最好的工具。

当前 OPM 的最新规则

根据需求随时调整业务的优先级（Adapted Prioritization）

新科技术的出现是为了满足不断变化的各种各样的商业需求。 组合管理必须随着技术和商业的进度改进。执行计划必须根据环境需求重新进行优先化和改变。

如有必要，管理层必须鼓励取消或推迟已经批准的项目。

从企业战略层面的角度，管理层要决定是否要取消或推迟某个计划或项目。例如，由于不断变化的优先次序、关注点的改变和对项目效益在不同阶段的理解，某个项目可能不再符合目前的企业战略目标。虽然这些项目会得到很好的执行，但他们不能符合的最新的企业目标而无法获得继续的投资。

为了灵活地进行企业运营，组合管理必须能够完全符合企业大方向和战略目标的综合运营。

实行敏捷的规划（Agile Planning）

希望一次就能够完成包含所有变量和细节的项目计划并不容易。最好在计划项目过程中，分阶段分步骤。在每个阶段的计划过程中让所有利益相关者参与检查和认可，以保持大家有统一的方向，这是非常重要的。

敏捷的规划不同于传统的项目计划。它基于针对在特定时间段（短期冲刺 Sprint，通常是 2 至 4 个星期）来选择开发整个系统的部分功能，或者完成项目中的某些任务，重复短期冲刺（Sprint）的过程，直到最终完成整个项目。敏捷的规划的最终目的是更有效地实现企业愿景和战略目标。

敏捷的规划通过重复多次的规划过程来确定整个项目分阶段完成的时间。在敏捷的规划中，项目是通过重复短期冲刺（Sprint）的过程来完成的。短期冲刺过程中的一个任务和目标就是确定下一个短期冲刺（Sprint）需要完成的功能和任务。

在每次短期冲刺（Sprint）之前，要举行项目所有人和开发团队成员之间的冲刺计划（Spring Planning）会议。检查用户的反馈和未完成的需求以确定任务能否在现有冲刺阶段（Sprint）完成。这些计划提供了更细致的细节（与高层次的计划相比），包括哪些团队成员将执行哪些任务以及每个任务需要多长时间。

敏捷的规划过程中的活动包含：
任务规划：敏捷团队成员将这些功能分解成任务，然后由团队成员分别执行这些任务。作为最佳实践的推荐，请查看对任务所需完成时间的评估，并尝试将任何可能需要一天以上时间的任务分为多个小任务。这样能够帮助降低不确定性并推动任务的成功完成。把大的任务分割成多个小任务的方法，可以有效地应用于所需整个项目的预先评估。评估小任务所需的时间，比直接评估一个很大的任务要容易得多。

微监督而不要微管理（Micro Monitor and Do Not Micro Manage）

传统的项目管理方法在当前的商业环境下，存在不必要的官僚作风、僵化和枯燥的问题。 这些项目管理要求常常大大降低企业管理的执行力。

有些领导人过于善于分析而专注在一些细微的细节上。他们需要明白注意力应该集中在项目执行和完成上。

应该灵活地监督、检查和处理随时的变化、各类的问题和各种的风险。管理层的注意力应集中在完成整个项目、达到项目预定的阶段性里程碑，和提供满足客户需求的产品。

为企业高层决策制定者提供基本的项目组合、以及各个项目的状态信息是一种有效的方式。管理层可以随时了解符合企业战略目标的运营组合和它们的绩效。

领导层应该推动明确清晰的指标，使这些标准可以适用于整个企业。标准化能够使整个决策制定更加简单并且更容易判断。

虽然微管理有很大的参与权和控制权，但它可能会分散注意力，常常导致资源滥用。

高层领导应该重视重要的事情。他们需要知道“充分了解业务”和“直接干预业务之间”的区别。 他们平时应该随时了解企业各类业务的状态，只有在需要和应该参与时才过问和直接干预有关业务。

更多地关注风险管理（More Attention on Risk Management）

建立集中的系统化管理，来追踪影响企业运营组合、影响每个项目执行的所有风险。每个风险必须要有风险缓解计划。当涉及到各种困难，某种担忧和潜在风险时，每个和项目的有关者都必须毫不犹豫地把这些问题上报登记。应该鼓励所有成员提问和发表他们的观点。这样能减少意料之外的情况，避免计划延误和超出预算的情况。

沟通、沟通、再沟通（Communicate, Communicate and Communicate）

管理团队必须要能够让整个过程的所有参与者对所需要完成的任务有完整的理解。 只有充分沟通项目中的所有各种任务，以及项目最终所需完成的结果，才能使项目的所有利益相关者对项目有同样的理解。

每个项目通常会受到所需时间、所需资源和批准预算内的限制。必须通过不断的沟通，来引导所有项目必须符合需求，符合预算，按时按质地完成，这一点非常重要。另外，项目状态的定期更新，和随时跟进，并按需要随时召开沟通会议也是至关重要的。

运营组合管理 SPOT

用于运营组合管理（OPM）的 四步骤方式 SPOT

>> 插图：实施 SPOT 的四个步骤 <<

SPOT 是四个步骤的企业运营组合管理的方法。

SPOT 是企业执行官的战略理念和具体执行之间的关键环节。SPOT 为确立企业的战略目标，优先化企业的各类项目，优化企业的各个任务，和跟踪企业的运营组合管理的各项指标提供一个标准的方法。SPOT 能够帮助企业改善运营组合管理的一致性。SPOT 将企业的战略目标与各个项目联系起来。

企业的管理人员可以花些时间来了解 SPOT 的运营组合管理方法，这一定会对您的企业运营有启发性和实用性。

改善企业的运营组合管理的重要步骤是确立企业的战略目标，优先化企业的各类项目，优化企业的各个任务，和跟踪企业的运营组合管理的各项指标。

通过统一各部门的意见和建立衡量的指标来确立企业的战略目标

- 明确企业的使命和最终目标。
- 建立结构化的管理框架。
- 定义标准和指标来衡量各类业务和项目的进度和具体结果。

明确整个企业的目标，并且通过调整运营组合以推动公司实现其战略目标。

这里包括明确企业的战略使命和发展愿景， 决定日常运营的优先级和选定业务发展的方向和目标。

其中，战略使命和发展愿景要最先完成，然后企业的日常运营和各类项目的实施才能为企业创造真正的价值 。

通过专注重点和平衡全局来优先化企业的各类项目

简单来说就是收集、评估和优先化企业所有的项目提议。

统一各部门的意见后，从企业增值的角度定义和选择最有前途的项目。消除对优先级意见不一致的项目可以减少浪费，并优化资源利用率。

通过提高资源利用率和注重依赖性来优化企业的各个项目和任务

优化资源分配和项目时间表的规划。

建立包括项目经理和所需开发技术人员的团队，同时确立项目的开发方法。

比如，根据每个项目的所需的技术要求，把所需的技术人员做合理的安排，并对具体的项目时间表做优化调整。

如果项目 A 对项目 B 有依赖性，那在项目时间表的安排中，就要把项目 A 排在项目 B 的后面。

通过增加透明度和提高一致性来跟踪企业的运营组合管理的各项指标

这个步骤是用于持续衡量并监控整体企业战略的进展。
主要专注于各个项目的实施以及对企业战略的各种影响。
根据优先级变化及时对相关项目进行调整。

通过分析各项指标避免常见的陷阱并建立完善的管理机制，并为项目制定一套标准化的项目准则。这就能确保组合管理整体的透明化和项目有效执行的一致性。

OPM 基础知识

战略调整

>> 插图：创新与执行 <<

保持组合和项目管理与公司战略和目标的一致是确保企业专注于正确项目的唯一途径。 企业需要评估和调整他们的战略和项目组合与业务目标，以确保他们得到正确的成果。

如何管理战略和执行调整：
步骤1：规划战略调整
步骤2：沟通战略
步骤3：执行战略调整

步骤 1：规划战略调整

您必须在一开始询问两个非常重要的问题：
1）您的客户会购买什么？
2）您的企业在生产什么？

一个可持续的商业模式只能通过追求企业各个功能运作的一致来实现。

运作的完全一致，使战略的沟通和实施有一个可行基础。如果领导团队忽略且没有提出这两个问题，那么最终会因为忽略或者完全无视明显的和灾难性的企业各部门运做的不一致。如果不一致不能得到解决，在没有进行必要的调整的情况下，我们无法让这种现象继续。

商业目标是保持对核心能力的专注，同时努力地尝试满足目标商业市场的需求。

企业必须分析所有高优先级的战略目标、制约因素、假设和相关数据，以帮助项目经理做出明智的决定，关于哪些项目是需要的以及哪些可交付成果是有利于用户的。

OPM 是战略计划的执行框架，对于正在开发创新产品、技术等的企业而言至关重要。它要求支持跨职能工作，为工程、营销、财务或制造等参与领域提供整体视图。 这将帮助所有利益相关者更好地理解战略目标，以及他们的贡献是如何推动企业提升进入新的水平。

在战略上调整运营组合可以让企业建立一种执行方法，它将：

- 改进现有流程和
- 优化项目提议的选择和排序

企业应该依据企业战略定义、筛选、过滤和选择项目，对于那些已选定的项目，他们应该定义：

- 角色和责任
定义参与者，以及每个人的参与程度和权限。

- 利益相关者
谁会收到提议的影响，他们在企业中的影响力程度。

- 资源
可以为项目分配哪些资源，以及他们目前能够支持已经批准项目的能力。

- 资金
有哪些资金可用于实施已选定的项目。

- 风险
怎样的内部和外部风险会影响整体战略计划，从而影响企业的项目组合，怎样的风险是可被降低且被接受的。

- 收益实现
每个项目将产生哪些收益，以及如何收获这些收益。

为了达到这种企业各功能的一致性，下列团队必须支持这一提议：
- 管理层团队：该团队将提供战略和组合管理准则。
- 项目执行团队：该团队将负责组合管理，专注于为核心业务提供价值。
- 日常**运营团队**：该团队将确保组织能够可持续地实现其战略目标。

步骤 2：沟通您的战略

在根据客户需求和公司核心能力制定完善的战略后，领导层必须让日常决策和行动符合战略方向。员工和所有职能都需要完全符合他们的目标和行动。

由于缺乏明确而有效的沟通管理，许多项目都失败了。 企业必须制定与组织战略、治理、风险管理和绩效管理紧密结合的运营组合管理计划。

战略沟通能够有效的推动企业目标成功实现所需的全面配合。

有效的沟通是利益相关者、客户、管理层以及企业中所有 OPM 参与人的关键步骤。

我已经在后面写了整个一章节关于 OPM 沟通管理的内容。它覆盖了关于：
（1）建立 OPM 沟通计划。
（2）管理企业组合的内容和沟通管理 。

步骤 3：执行战略调整

这是实现预期业务成果的过程中非常重要的一步。

如果您没有完成这一步，您不仅将无法实现战略性进步，还会破坏前面步骤中提出的期望。

这就是为什么大多数企业在这种情况下会损害到企业文化，如互相的信任度和员工敬业程度。

归根到底，这一步骤十分艰难，因为消除理论和行为之间的鸿沟需要进行大量的改变和创新。

为了增加成功的机会，您需要帮助您的员工支持以下配合行为：

- 做出艰难的选择和权衡，将有限的资源部署给新的企业文化和行为、流程和实践（远离陈旧、不符合战略意义的领域）。

- 以积极响应您所服务的市场的方式进行创新。以客户为中心是各个部门配合的核心，也必须是工作改变的焦点。

- 在提高销售的同时，降低运营成本。这能保证可持续性。

- 认可并奖励那些在符合优先级的基础上，采用新的企业文化和行为和决策方法的人。

- 区分您的公司的产品和竞争对手的产品，从而使您的产品变得比竞争对手的产品更具吸引力。

Strategic Alignment
战略调整
共同目标
组织能力
沟通
Common Goals
Common Interests
共同利益
Change Readiness
变更准备
Priorities
优先级
Committed Roles
承诺角色
Organization Capabilities
Organization Goals
组织目标
Org Structure Alignment
组织结构调整
Org Change Management
组织变更管理
System Readiness
系统准备
Communication
Stakeholder & Objectives
利益相关者&目标
Impact on Changes
变更影响
Messages & Delivery
信息&传达
Survey & Feedback
调查&反馈

>> 插图：战略调整 <<

管理方法

缺少管理方法的运营组合管理是一个空洞的概念。

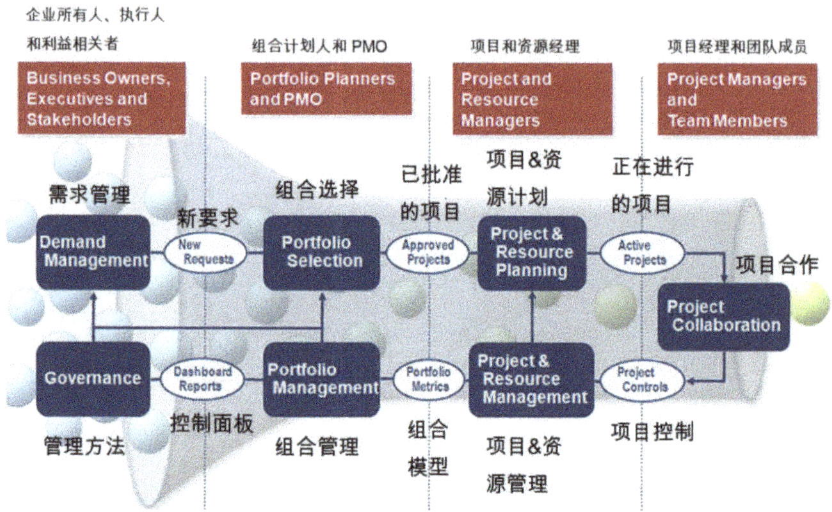

>> 运营组合管理职能和权利 R&R <<

有效的管理方法从领导、承诺和顶层的支持开始。然而，领导力虽然至关重要，但这还不够。您必须定义合适的组织结构并概述所有参与者的角色和责任。

有四个主要的组织构成部分：

- 执行领导
- 运营组合管理团队，
- 项目经理
- 资源管理

下方的表格定义了最有可能需要建立的一些基本角色和责任。您需要根据组织的规模和 OPM 的复杂程度对其进行调整。

角色	责任
管理层团队	决策制定和监督小组由高层管理人员组成。责任包括支持组合管理流程。由该团队设定组合的资金水平，批准项目建议并提供政策指导。
运营组合管理团队	运营组合管理和能力中心由组合经理、组合管理人和其他拥有广泛组织项目经历的人员组成，例如负责大项目的项目经理。负责组合管理流程。
项目组合经理	运营组合管理团队主管。监管组合内项目的健康、整合和交付情况。责任包括与项目经理沟通、提出项目建议、并向执行团队报告。
项目组合管理员	负责收集项目信息、应用工具和协调运营组合管理日常流程的个人。追踪投资组合的详细信息并提供项目状态的摘要视图。
项目群经理，大项目经理	负责管理具有相似特征或针对特定目标的项目组（例如，资本项目、维护项目、客户支持项目等）的负责人员。责任包括确认各个计划中的项目成本、价值和风险评估。
项目经理	负责单个项目的日常管理的人员。责任包括提供项目标书数据并将项目状态传达给大项目经理和项目组合经理。
资源经理	涉及到人力和资源的管理人员。负责提供执行已批准项目所需的技术资源。

>> 表格：角色和责任<<

成功的公司依赖于严格脚本化的会议、客观分析和决策框架，将执行官员团结在一个共同的愿景中。

它们能够使用最佳资源的配合，控制各种风险，通过各部门的一致协作，而不断完成各种项目。 这些成功完成的项目为企业提供了最佳的企业价值和核心竞争力。

需求管理

需求管理是用于预测、计划和管理产品和服务需求的计划方法。这一点同样适用于经济学的微观层面与单个企业的微观层面。需求管理是一个企业在创建一个组合管理的过程中在内部收集新想法、项目和需求的过程。

需求管理面临很多挑战，

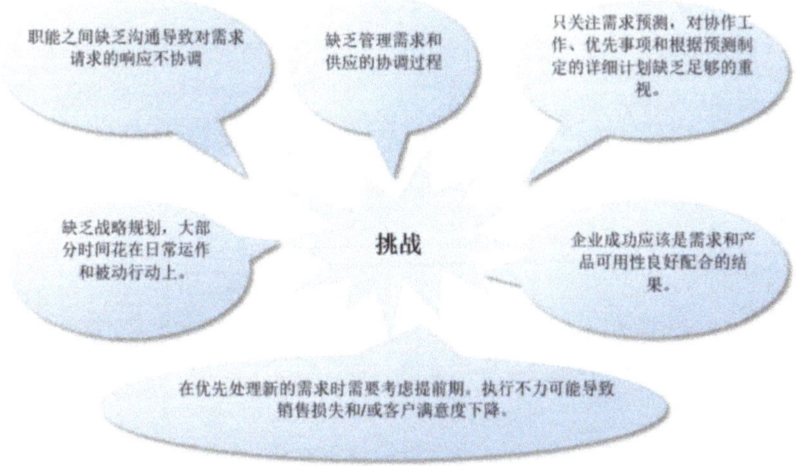

>> 图表：需求管理的挑战 <<

OPM要求平衡有限的可用资源与对这些资源不断增长的需求。 它还要确保将这些有限的资源分配给能够为整个企业带来最大价值的项目提案。

为了了解企业执行项目提案的能力，需要优先考虑所有业务领域的项目提案以及资源的可用性信息。

领导层必须提出的问题：

- 我们正在投资的项目是正确的吗？
- 我们执行得如何？
- 我们正在优化我们的产能吗？
- 我们是否正在实现已承诺的收益？
- 我们能够承担所有项目所带来的变化吗？

成功的需求管理中的 3 个必要领域

成功的需求管理需要解决三个关键领域。

1. 跨职能团队

首先，应该建立一个跨职能团队，优先考虑所有的项目提案并且同时互相比较。这个“优先化委员会”应该有一个来自所有企业部门包括日常运营的代表成员。当为优先化委员会选择成员时，选择能够为“大格局“或全公司思考的人，而不是只关注自己业务部门需求的人。

2. 优先化流程

其次，为所有的商业项目提案进行优先级的评估时，应建立一个专门流程。

我们可以使用“优先级排序模型”根据预先定义的评估标准，评估每个项目提案对整个企业的影响。如果标准正确，且跨职能优先化委员会根据这些标准对每项项目提案进行评分，那么对于整个企业来说最重要的项目提案就会显现出来，排在最前面。

一个重要的技巧是，要确保不仅包括正在实施的解决方案要确认优先级，需要评估、选择或确定解决方案的项目提案也要放在一起考虑优先级。 很多时候，企业花了很多时间，但是却选择了不具有重要商业价值，或者应该推迟或完全停止的业务解决方案。

我在下面给了您一个可参考的选择标准表范例，以帮助您完成这一关键步骤。还有一个项目气泡图，它可以直观地显示出每个项目在风险/价值象限内的位置。

这些将帮助您快速轻松地查看应该实施的项目，和那些可能对您的企业具有巨大风险的项目。

优先化标准	评分		
	1 分	3 分	5 分
符合企业战略目标	低 1 个目标	中 2-3 个目标	高 4 个以上目标
产品协同效应	低 新销售、新支持、新生产的新产品	中 已有销售的新产品	高 已有市场、支持和生产的新产品
收益	较小 NPV < 100 万美元	中等 100 万美元 < NPV < 500 万美元	较大 NPV > 500 万美元
技术可行性	非常困难 需要解决较多的技术难题	比较困难 需要解决 1-3 个技术难题	简单 不存在已知的技术难题
产品市场性	低 很少接到询问	中 有一些关于产品信息的疑问	高 对新产品有强烈兴趣
竞争 & 智慧财产权（IP）保护	高 很多竞争者 没有 IP 保护	中 3-5 个竞争者 受到保护的 IP	低 0-2 个竞争者 受到严格保护的 IP
需要的人力资源	高 > 2000 工时，需要价值超过 10 万美元的外部资源	低 500 - 2000 工时，需要价值 5 万-10 万美元的外部资源	低 小于 500 工时，不需要外部资源
风险	高 管理、财务、技术或运营风险	中 存在一些管理、财务、技术或运营风险	低 极少的管理、财务、技术和运营风险

>> 图表：选择标准 <<

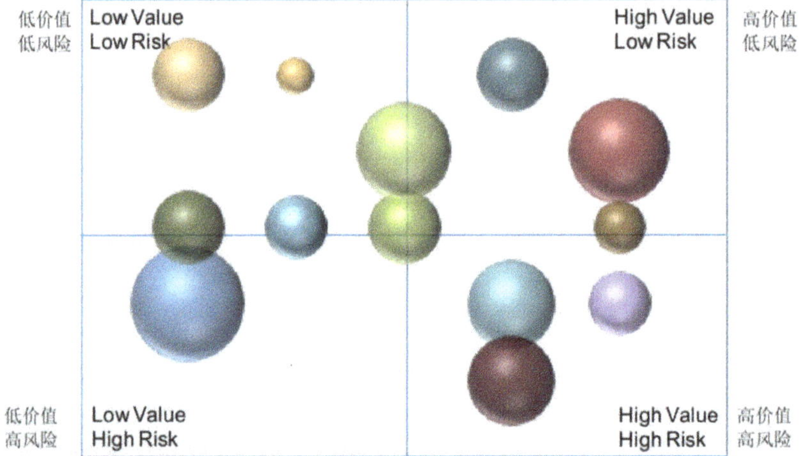

>> 图表：组合气泡图 <<

3. 资源可用性

一旦对解决方案经过评估，筛选并已被列为优先的项目，就应马上关注**资源可用性**。一旦某个项目提案的评分高到足够被批准，就需要分析资源可用性。

对于项目所需的具有专业知识和关键技能的员工，追踪他们的时间分配并预测未来项目上需要的时间支出是非常重要的。

此外，应该有行政业务、日常运营或"保持灯亮"（KTLO，有助于业务正常运行的活动）活动类别。

明确界定 KTLO 的工作至关重要，因为任何非 KTLO 的工作都应提交给优先化委员会以确定优先顺序。这一点非常重要，因为它消除了项目内容的主观定义，并且能够更加细致地了解并控制资源合理分配的时间。

一旦了解了资源的可用性，优先化委员会就可以为该项目提案分配资源，和确定所需资源的日期。或者在存在资源限制的情况下，找出所需资源不足的补救选项。

补救选项可能包括变更新计划的开始日期、暂停另一个项目提案以启动新的项目提案，或引入额外资源以满足资源需求。一旦优先化委员会共同确定了这些选项，这些选项就应提交给为管理层指导委员会（由企业高层执行官组成）来确定采取补救措施。

有效的运营组合管理实践要求对项目的优先顺序进行问责，并对企业中资源限制情况实施补救（如有必要，还要包括额外资金的分配）。

如果需求的优先顺序能够有效的管理，那么为达到企业目标而开展的企业需求和资源供应管理就能够实现。 当企业能够平衡这种供求时，一个能够满足不断变化的商业需求的灵活、高效率、具有成效的企业就此诞生，从而能够通过这些项目实现最大的商业价值。

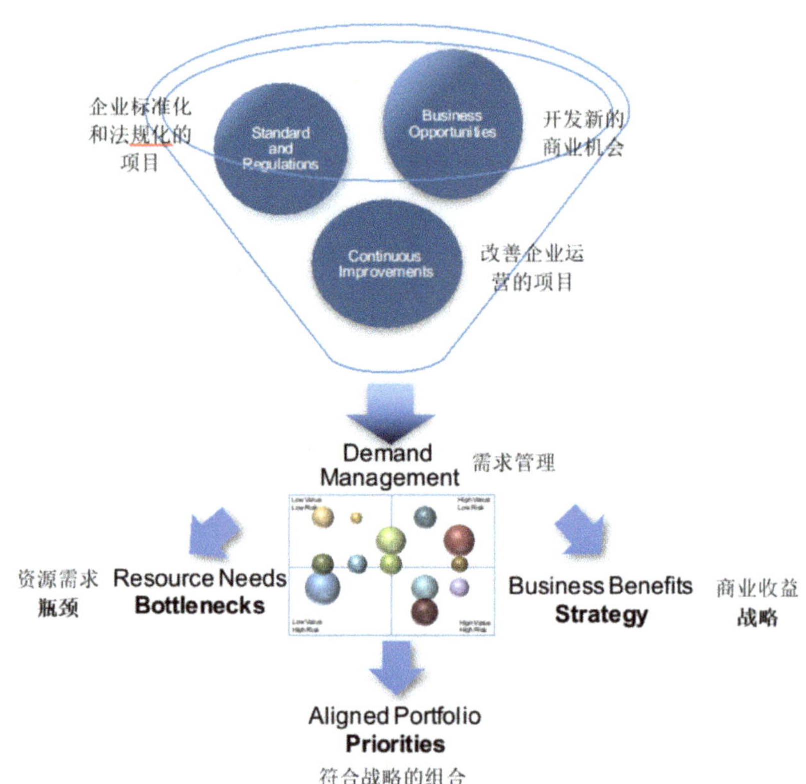
企业标准化
和法规化的
项目
Standard
and
Regulations
Business
Opportunities
开发新的
商业机会
Continuous
Improvements
改善企业运
营的项目
Demand
Management
需求管理
资源需求
瓶颈
Resource Needs
Bottlenecks
Business Benefits
Strategy
商业收益
战略
Aligned Portfolio
Priorities
符合战略的组合
优先级

>> 插图：需求管理流程 1 <<

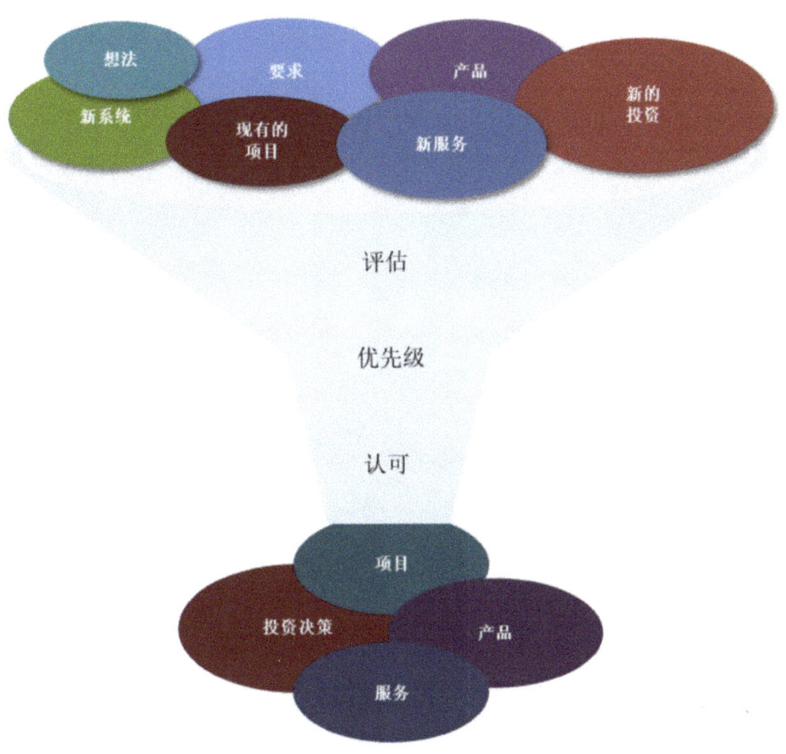

>> 插图：需求管理流程 2 <<

资源管理

>> 插图：需求管理的挑战 <<

在企业组合，项目群以及项目管理中使用资源管理时，资源管理通常使用资源平衡。这个平衡包括级别平衡和时间均衡。

资源平衡旨在通过维持一定水平的资源库存，以避免资源短缺或过量。

它也可以作为项目完成时间的参考。通过资源级别平衡，为配合资源可用性，调整开始和结束时间。资源级别平衡可能会延长项目时间表。

资源时间均衡是一种调度技术，它试图避免资源高峰和低谷的同时按具体时间完成目标。其目标是随着时间的推移持续使用资源。
资源管理就是要确保一家公司明智而有效地利用其人才和材料。

有效的资源管理指南：

- 在所有项目和服务中创建一个集中的资源追踪列表。它能够使资源利用率和可用性清晰可见。

- 定义与资源相关的技能组列表。项目管理团队可以根据资源可用性设立一个团队以交付这些项目。优先考虑资源并将其分配到不同的类别中，以便管理人员轻松地将其分配给优先项目。

- 建立所有资源的主日程表，以管理各种资源工作负载并确定资源冲突。

- 实施临时员工战略，以解决当前和即将发生的资源短缺问题。这允许在发生意外变化时进行备份计划。

- 在组合优先化过程中，提供资源供应能力可见度。同时，各个部门对它们内部参与各个项目人员的状态和需要，也有清晰的了解。组合优先化将能够为当前和未来项目提供更好的人员安排和招聘准备。

- 利用技术规范优先化流程、简化资源管理。它为资源管理和计划提供了更加结构化和系统化的方法。

资源供应
能力计划
资源中心
技术中心
调度和分配
资源调整
资源使用
追踪
项目规模
是否合适
我们如何事先
安排和调度
我们如何为
已批准项目
安排人员
我们需要
做出怎样的
应对反应
是否有效地
使用了我们的
人员和承包商？

>> 插图：资源管理的流程 <<

战略资源分配

以下指导原则将有助于领导层充分了解情况并推进企业的资源分配决策。

- 避免平均分配人员给所有的项目，或者避免分配过多人员给某个项目。

当一个有潜力的项目需要在一定的时间完成时，没有给予足够的资源来支持。投入所需资源不够的项目通常会遭遇失败。

如果有足够的资源为已提交的所有好的想法提供资金，这样做明智吗？

如果所有资源都在项目周期一开始就调配到位，那如果在中期出现了更好的项目怎么办？

有时为了保证将来有支持更好项目的灵活性，拒绝一些好的想法是有必要的。

• 确定并采用有限的优先化标准

让所有关键利益相关者都参与其中的流程来制定优先级标准。确定优先化标准至关重要。如果制定标准的过程不被认可或接受，那么其产生的结果很可能存在缺陷或偏见。

使用太多的标准则会使评估太过复杂，而不能够很快地让少数获胜提案脱颖而出。另外，重复类似的标准可能会导致过度重视优先级过程中的某个因素。

• 挑战资源需求并评估替代方案

需要质询的是：

- 这些资源是否真的有必要？
- 能否使用其它代价更低的方式来完成？
- 考虑过哪些替代方案？

高层领导应该确保提出并思考这些问题。

- 找到关键途径 (Critical Path)

许多大型项目提案实际上是由一系列小型项目组成。

创新产品涉及大量的分组项目。信息技术战略涉及一系列各种配置。对于任何系列的投资来说，了解决策制定的关键途径以确定单个组件的重要性以及投资时机都是非常重要的。

沟通管理

什么是运营组合沟通管理？

>> 组合沟通管理图 <<

组合管理有很多特点。有效的沟通是利益相关者、客户、管理团队以及所有运营组合管理参与人的关键流程。由于缺乏明确而有效的沟通管理，许多项目都失败了。 企业必须制定与企业战略，治理，风险管理和绩效管理紧密结合的运营组合管理计划。

有效的沟通管理**需要考虑以下几点：**

- 要传达的信息内容
- 根据保密级别和智慧财产（IP）的保护情况，沟通细节层度和方法
- 一般的组合管理沟通顺序和具体的项目交流
- 沟通的日程表和时间安排
- 定期组合管理和项目交流的责任方
- 包括沟通内容、分发、频率和方法和沟通要求
- 应对沟通流程变化的沟通方法
- 提交过程中需要解答和解决的问题
- 沟通管理中使用的标准沟通模板

- 了解影响沟通的限制和依赖关系

沟通管理存在两个阶段，

（1）建立 OPM 沟通计划。
（2）有效管理沟通管理的各种内容。

（1）建立 OPM 沟通计划

该阶段的沟通的重点在于所有利益相关方的参与。让他们充分参与定义沟通的流程，并且获得他们对沟通内容的意见是非常重要的。此外，这种广泛的沟通战略将帮助您识别潜在风险、依赖关系以及风险缓解计划。

企业需要确定所有组合的利益相关者及其沟通要求。利益相关者可以是企业内部和外部的利益相关者。

为管理沟通确定和明确角色和责任是计划流程的一部分。例如，参与沟通管理计划的团队可能包括执行发起人、执行指导委员会、关键业务利益相关者、变更控制委员会、计划管理人员、项目群经理、技术专家和外部顾问。 根据企业的组合需求，管理结构将包括这些团队的部分或全部。

作为制定组合沟通计划的一部分，必须确定所有利益相关者，特别是对这些项目感兴趣的主要利益相关者和执行官。

此外，请务必确定并确认对企业组合和每个单独项目的成功需要负责的执行发起人。 需要额外的利益相关者参加，或者原有利益相关者发生变化是比非常常见的。

沟通管理计划会根据这些变化进行更新。

在确定所有利益相关者后，该计划会确定需要传达的信息的层度和沟通方法。

Table of Contents	目录
Introduction	引言
Communication Management Approach	沟通管理方法
Change Control	变更控制
Stakeholder Communication Requirements	利益相关者沟通要求
Roles	角色
Project Team Directory	项目团队名单
Communication Mediums by Use of Technologies	使用技术的沟通媒介
Communication Matrix	沟通模型
On-Boarding New Partner Process	新合作方加入流程
Central Service Organization Requests	中心服务组织要求
Communication Flowchart	沟通流程图
Communication Escalation Process	沟通投诉流程
Guidelines for Meetings	会议指南
Standardization of Communication	沟通标准化
Glossary of Communication Terminology	沟通术语目录

>> 范例：沟通计划 1 <<

（2）管理“沟通管理”的各种内容

在收集所有利益相关方的沟通要求后，该流程会根据事先决定好的分发名单、频率和细节层度，来收集和整理沟通内容并分发给利益相关者。沟通类型可能包括项目启动、定期执行更新、项目状态报告、设计审查和对存在担忧和风险的项目的深入探讨。

沟通的执行可能遵循团队所遵循的事先决定好的沟通模型。

例如，

- 如果这是常规沟通，遵循常规沟通来分发名单和事先决定好的沟通模板。
- 如果这不是常规沟通，确定保密级别和具体的分发名单。此外，内容需要经过相关管理部门的审查和批准才能分发。
- 如果不清楚内容是否保密，则需要执行官作出决定，然后按照决定分发内容。

许多企业使用 Sharepoint 或 Jive 等多种门户平台开展全公司范围内的协作和沟通。

强烈建议利用企业门户平台来实现项目或组合的常规沟通和状态共享。

沟通	沟通目标	媒介	频率	参与方	所有方	可交付内容
项目工作组会议	制定高级项目计划和协议	- 面对面 - 会议电话 - Webex	每周一次	- 项目团队	- 项目经理 - 项目领导	- 日程 - 项目时间安排 - 项目更新
项目委员会会议	检验项目状态	- 面对面 - Webex	每月一次	- 项目委员会	- 项目经理 - 项目领导	- 日程 - 项目时间安排 - 项目更新
每周技术回顾会议	讨论并制定该项目的技术设计解决方案	- 面对面 - Webex	每周一次或按需	- PMO 团队	- PMO 负责人	- 日程 - 项目时间安排 - 项目决策
每周 PMP 状态支持	项目状态更新和工作计划	- 面对面 - 会议电话 - Webex	每周一次	- PMO 负责人	- PM	- 日程 - 项目更新
利益相关者会议	项目群管理和监督	- 面对面 - 会议电话 - Webex	每月一次	- 利益相关者	- PMO 负责人	- 日程 - 项目更新
伙伴协调会议	总项目状态报告、责任及讨论的协同	- 面对面 - Webex	两周一次	- PMO - 管理伙伴 - PM	- PMO	- 日程 - 项目更新

>> 范例：沟通计划 2 <<

关于组合沟通管理的详细信息

组合沟通提供摘录和摘要信息，不同于项目经理提供详细的项目相关状态、问题和风险。传递适当的企业战略信息永远是组合沟通的主要焦点。

组合交流的战略必须确保所有利益相关者理解各类项目组合及其相关的战略和目标。需要持续的管理关于企业组合执行进度的沟通并适当控制沟通内容的程度。此外，定期建立并报告指标和 KPI（关键绩效指标）。

企业组合管理涉及了各个职能、利益相关者、执行官和项目经理。建立一个全面的沟通模型是非常重要的，这样才可以正确的内容传达给所有相关人员。 沟通计划需要考虑诸如电子邮件、短信、会议、指标报告、状态更新、升级和项目推出与否（Go-No Go）决策等多种活动。

随着企业变得更加远程化和虚拟化，运营管理团队必须评估并确定其内容及沟通渠道的效率。 沟通可以是讨论、任务分配，或者请求和响应的交互。保持企业组合管理的沟通一致性至关重要；它有助于建立所有利益相关者之间的信任，并提高沟通效率。

将企业组合战略传达给整个企业永远都是非常重要的。高级执行官建立企业战略的沟通信息并强调其重要性，然后传递给参与组合实施战略的所有利益相关者、管理团队和项目团队成员。

通过沟通管理计划，建立指标并将适当的信息传达给所有级别的团队和职能。

运营组合管理需要在沟通目标、股东的需求、文化多样性、监管限制和传播机制等方面非常明确。

有很多方法和工具可用于沟通管理。网上信息板发布是一种常用方法。

网上信息板能够以可视化图形的形式显示企业项目组合的内容。它使用条形图、饼状图、甘特图、趋势线和颜色编码状态（如红色，黄色和绿色）显示信息。此外，图表可以比较目标数量与实际数量，并显示与目标不符的部分或失败的里程碑的日期。通常，人们通过图表、颜色和图形能够更好地理解内容。

如果这些网上信息板数据能够实时更新，效率会更高。如果可能，网上信息板还应允许管理团队深入到下一步更详细的信息。

例如，当某个计划遇到一些问题时，管理团队可以深入挖掘研究计划内的项目群，以了解哪个项目可能是影响组合项目群整体进展的主要原因。这也有助于将项目的信息通过同一个来源随时分享给所有的项目参与人员。

在项目组合的内容发生变化时，运营组合管理团队需要制定满足新要求的项目开发路线图，并调整现有的项目流程和评估标准。此外，项目经理要经过适当的沟通技能、沟通过程和内容创作方面的培训。运营组合管理将评估和调整原有的沟通计划，以提高沟通效率。

建立利益相关者模型

建立利益相关者模型能够让管理团队了解关键资源的定位和部署方式。它描述了各个利益相关者不同的角色、限制他们参与的原因、参与层度和联系信息。

例如，利益相关者模型列出了利益相关者的名称、职能、具体目标、动机、限制、权限级别以及建议的参与方式。建立利益相关者模型对于向利益相关方提供成功的沟通非常重要。 一旦建立了利益相关者模型，运营组合管理就可以确保内容能够有效地传递给所有利益相关者。

名字	角色	利益相关者方面的收益/顾虑/感觉和原因	支持水平					该项目群的收益水平			该项目群的影响力水平			利益相关者在该项目群的收益	利益相关者在该项目群的损失	负责和利益相关者个人沟通的人员	备注
			非常支持	较支持	中立	较反对	非常反对	高	中	低	高	中	低				

>> 范例：利益相关者模型 <<

风险管理

定义风险管理

任何可能对企业项目组合目标产生负面影响的因素都被视为组合风险。影响可能很小或很大，但往往是不可预测的。企业必须尽可能地消除这些不确定性因素，以免这些风险影响整个组合目标。

非常需要有一个流程和结构化方法，通过风险管理来评估组合风险。 风险管理的目标是缓解会对项目组合产生负面影响的事件、活动和条件。

在组合中，项目和项目群之间经常存在一定的依赖关系。这可能意味着对某个项目的产生的任何重大影响会对另一个项目或项目群有负面的影响。 在某些情况下，一个风险可能会提高另一风险的风险水平。因此，风险管理在识别和处理这些潜在问题及其附属问题方面显得非常重要。

当项目处于执行阶段时，需要识别和缓解某些风险因素。需要为此目的制定组合风险管理战略。组合风险管理能更好地理解组合的整体风险，并使管理团队能够相应地调整单个项目的风险。例如，这可以减少一个失败的项目拖累整个组合的可能性。

除了识别潜在的问题和顾虑外，组合风险管理流程还可以找到改善产品设计、产品交付、服务质量和客户满意度的机会。在某些情况下，可以通过组合风险管理的发现来建立新的项目。

风险	问题
• 风险是一种不确定事件或将来有可能发生的事件 • 风险一经确认，就应该分析其影响并准备相应计划 • 例子：缺乏可能影响可行产品质量的业务知识	• 问题是已经发生的事件 • 问题的影响一经分析，就应该得到解决或完善 • 例子：产品范围变更要求增加已确定的初始预算外的开支
可能的 负面影响	**已经影响了 成本、时间和交付**

>> 表格：风险与问题 <<

参考ID	报告日期	风险说明	可能性	影响	风险评估	所有人	缓解措施	应急计划	行动进展	状态
1	2/5/18	主要供应商因为其他原因不能按时交付	低	高	高	John Doe	包含合约里的金融罚款。 在时间表中安排应急措施。 监督合约商执行。	修正产品上线时间表。		活跃

>> 表格：风险日志范例<<

运营组合风险管理与项目风险管理的比较

组合风险管理是根据预期的更高回报，识别和选择可接受的风险水平。

项目风险管理则侧重于识别、评估和减轻可能影响项目的风险。风险管理是为了避免项目的失败。

对于组合风险管理，由于对新市场销售的期望，企业可以投资未经证实和未经测试的新技术。因为产品的设计具有独创性，这种风险在于该技术可能不适用于大众市场。 但是，如果技术确实有效，那么将会带来很大的收益。

项目风险只适用于项目和项目群，组合风险管理则着重于整个企业的风险管理，需要考虑财务价值、企业目标和战略的一致性以及组合中不同项目和项目群的平衡。

组合风险管理比项目风险管理更难。 适用于某个项目的公式可能不适用于另一个项目。不存在一个可以适用于所有组合的公式。组合风险管理会有多种降低风险的方式，这些风险的了解将影响战略目标的决策、决定企业的投资大小、对改善整体适应性产生积极影响。

组合风险管理流程概述

组合风险管理对企业运营组合成败的影响非常大。这是许多运营组合管理的关键流程之一。它涉及**风险管理规划、风险评估和风险缓解。**

风险管理规划

在组合风险管理**规划**期间，需要确定组合的风险承受能力。这将有助于创建下一步的组合风险管理。 企业的组合可能存在很多潜在的威胁和风险。这些风险条件可能会对整个企业层面或项目层面产生积极或消极影响。例如，如果有许多同时进行的项目都依赖于有限的核心技术人员，则会为整个组合带来负面风险。另一个例子，利用提高员工生产效率，使用项目管理工具，同时从外面招募有经验的咨询专家，能够对项目产生积极影响。

为了控制企业组合整体的风险水平，组合风险管理需要制定一个规划，以控制风险的走向往好的方向发展。对于任何风险，必须在组合和项目层面上同时理解和分析其根本原因。风险的总体影响则应该在企业和组合层面进行分析。

为了制定组合风险管理规划，首先要建立风险管理活动的结构以及确立执行这些活动的方法。 一旦该结构创建完成，就开始制定时间表、流程并参考政策、指南和风险承受能力、阈值和缓解战略。

当添加新的项目到现有组合时，既定的风险管理计划也可作为一个框架和指南。组合风险管理将审查并确定这些新的项目是否会增加组合的总体风险水平。如果风险水平过高而无法接受，管理团队必须停止、修改、暂停或接受新项目，同时在风险管理计划中开展相应的步骤以减轻负面影响。

最后，组合风险管理需要平衡实现企业目标，和控制企业风险之间的关系。 我们不仅需要完成已经决定的项目，还要选择合适的项目来执行。

风险评估

企业中的任何人都可以对企业中存在的潜在威胁提出担忧。其既可以是执行管理层，项目管理团队或利益相关者。 这些风险的归类和处理将根据其对企业各部门的影响，以及对风险的理解而有所不同。组合风险管理将采取一致的方法来分析各种来源的风险。

例如，企业管理团队将关注投资和回报、上市时间和战略目标。其中包括品牌知名度、产品推出和后续服务。企业管理团队也会注重确立公司核心价值、保护利益相关者的价值和创造竞争优势。同时，企业管理团队必须了解组合风险管理计划中的责任和威胁。

在不同的层面上，日常运营管理团队更加关注与服务、产品开发和资源整合相关的问题。运营风险管理则专注于通过最小的企业变化来支持平稳的运营。

对于项目组合经理来说，关注点可能会在企业战略和项目组合之间的不一致性。此外，他们还会检查网上信息板的数据和报告、数据质量和个别项目产生的风险。

在项目群和项目层面，项目经理更关注某个项目的范围、进度、成本和执行质量。 这些风险可能与其他项目的结合、集成，依赖性和透明度有关。

在电子表格或在线系统上识别并追踪潜在威胁，并记入风险日志中。检查这些风险并了解其严重性、影响和可能性。

风险缓解

一旦追踪到了风险，就需要确定缓解选项、行动步骤和负责人员。

在整个组合风险管理流程中，监控和控制潜在威胁。另外，现有风险的状态也会随时改变。管理团队需要做相应的调整。

确定这些风险的来源非常重要。它们可能来自内部或外部。大部分的风险会在规划过程中被发现。

来源于内部的例子：

- 项目优先级的改变
- 公司重组
- 资金重新分配
- 研发的突破或延迟
- 新批准的项目
- 项目所在的国家和区域

腐败和破产也被视为风险的内部来源。

来源于外部的例子：

- 产品市场的竞争
- 金融和经济市场
- 法律和政府监管要求
- 政治事件
- 技术突破
- 自然灾害

对于潜在的威胁，通常要花费大量的努力来进行数据收集、基准分析和竞争性研究。研究结果可能是威胁也可能是机会。

此外，管理团队必须确定这些潜在威胁是否具有**结构**或**执行**风险。

结构风险

结构风险是影响企业进行有效的组合管理能力的障碍。结构风险的存在影响企业的组织结构，并影响企业的项目执行和日常的运营。

如果没有进行适当的企业调整，运营组合管理的效率会大大降低甚至无效。　或者经常发生战略层面变化的组合规划也会对组合本身构成巨大威胁。利用最佳实践来建立有效的组合管理方法会是一个很好的方法。

执行风险

执行风险是涉及组合执行或项目执行的问题。在组合风险管理中，评估管理变更的能力、执行计划的能力以及与协调实现战略的能力是非常重要的。常见的挑战存在于不同项目群和项目之间的交互。利用模板和系统工具来管理多个项目的相互依赖是非常重要的。

风险承受能力

企业需要确定其风险规避的阈值。基于数据分析，可将企业的项目组合确定为可承受风险类型和不可承受风险类型。

例如，一个企业会决定承担更多的风险来增加产品的市场影响力，从而对企业有积极的正面结果。 企业会决定加快地推出新产品，并大量投资制造产能，而销售服务和维护等现有产品等其他职能将受到某些负面的影响。

拥有均衡组合风险投资管理规划的企业能够承受一定程度的风险。对一个企业来说，能够知道风险并敢于冒已知风险，从而达到所有项目可能产生的总体收益。

对于不能承受风险的企业来说，管理层团队会选择风险最低的组合。实际上，这往往是不切实际的，因为企业的项目组合以及各个项目总会遇到某种形式上的风险。

组合经理和风险管理

运营组合管理是实施和成功完成战略项目的重要途径。

组合经理的作用是：

- 管理一个或多个组合（项目组或项目群）
- 调整项目群、项目和日常运营以符合战略目标；并且
- 衡量、评估和优先化项目群和项目。

除了上述责任之外，组合经理还需要降低风险，并在出现问题时提供应急方案和替代方案。组合经理必须有能力管理意外事件。需要特别注意，并有备案来缓解那些低概率高破坏力的风险因素。

组合风险管理的目标时是减少潜在威胁的影响，并增加积极影响的可能性。它需要平衡风险和回报，需要保持项目优先级变化和项目有效执行之间的平衡。根据优先级的变化，各个项目会有关停并转的选择和决策。组合风险管理需要不断支持这种决策，以达成企业战略上的良好项目组合。

绩效管理

虽然运营组合管理并不能保证成功，但有效的绩效管理流程无疑会提高实现企业目标的可能性。

- 评估和优先考虑最符合战略目标的项目，
- 在执行过程中追踪和监控绩效，确保所有组合中的项目都能实现战略目标
- 根据战略变化和后续表现调整优先级和项目组合

追踪候选项目并将其与对映到企业的战略目标上。这些项目将排在其他候选项目或正在进行的项目之前。这让所有利益相关者可以确认这些项目符合他们所支持的目标，并且确定项目的相对优先级。 在很多情况下，一个项目组合包含的项目，包括和平衡了各种不同的企业目标。 从企业的财务预算、现有资源和项目依赖关系来看，组合中各个项目的整体完成为企业带来了最佳的总体收益。

制定组合决策是一个不断重复的过程。 该过程涉及定量和定性因素的审核。 通常情况下，相对于所有其它审核标准，每个标准应该有固定的数字权重。此外，组合中的每个项目都应该满足某项符合具体企业目标和发展方向的审核标准。

企业需要监督和管理整个组合及其表现。需要建立绩效指标并确定警示标准。另外，应该同时建立绩效基准与汇报过程。为了评估组合层面的绩效，首先评估单个项目并将结果合并为一个系统化的方法，从而让这些评估结果反映出企业项目组合的整个素质。

对于所有项目来说，需要建立指标来监控和成本、进度，范围相关的各种绩效。此外，这些指标需要评估组合中的这些项目是否仍然按照实现战略目标和目的的方向发展。

很多时候战略目标是相互冲突的。例如，投资工厂的生产能力，和投资更多研发之间的冲突。

为了解决这些相互矛盾的目标，我们需要制定冲突决策战略，以便我们权衡矛盾。 如果短期销售更重要，我们可能会继续扩大生产能力。如果优先考虑长期增长，我们可能需要更多地投资于研发。

购买机票就是一个很好的比喻。如果时间更重要，我们会选择成本更高的直飞航班。如果价格更重要，我们可以选择价格更低的中转航班。

鉴于企业的既定目标和目的，管理团队需要确定企业目前和未来最重要的事项，以及现在和未来两到五年里的优先事项。

AHP - 层次分析法

许多企业都在使用层次分析法（AHP）为组合中的项目确定相对战略收益。

层次分析法（AHP）是 Thomas L. Saaty 教授创造的多准则决策方法之一。

简而言之，它是一种从配对比较中导出比例标度的方法。层次分析法的输入可以从价格、权重等实际测量中获得，也可以从满意感和偏好等主观意见中获得。AHP 允许判断上存在轻微的不一致，因为人类并不总是一致的。比例标度是从主要固有向量中导出的，一致性指数是从主要固有值导出的。

在数学上，该方法是基于固有值问题的解决方案。配对比较的结果在模型中排列。模型中的第一个（显性）标准化固有向量给出比例标度（加权），而由固有值确定一致性比率。

AHP 还有很多细节，我们会用其它的场合将其进行讨论。

NPV - 净现值

当存在多个标准时，经常使用**加权和评分**，例如最低成本和最高 NPV。

NPV 代表**净现值**，是现金流入现值与现金流出现值之间的差额。NPV 在资本预算中使用，用于分析项目投资的盈利能力。

示例 1：**均匀**的现金流入：计算一项需要 243,000 美元初始投资的项目的净现值，预计其能够在 12 个月内每月产生 50,000 美元的现金流入。假设该项目的残值为零。目标回报率为每年 12%。

<u>解</u>

我们有，

初始投资= 243,000 美元

每期净现金流入= 50,000 美元

期数= 12

每期折扣率= 12%÷12 = 1%

净现值

= 50,000 美元×（1-（1 + 1%）^ - 12）÷1% - 243,000 美元

= 50,000 美元×（1 - 1.01 ^ -12）÷0.01 - 243,000 美元

≈ 50,000 美元×（1 - 0.887449）÷0.01 - 243,000 美元

≈ 50,000 美元×0.112551÷0.01 - 243,000 美元

≈ 50,000 美元×11.2551 - 243,000 美元

≈ 562,754 美元 - 243,000 美元

≈ 319,754 美元

示例 2：不均匀的现金流入：投入于设备和机械初始投资 832 万美元预计能够在第一年、第二年、第三年和第四年末，分别产生 341.1 万美元、407 万美元、206.5 美元的现金流入。到第四年末，机器将以 90 万美元的价格出售。假设折扣率为 18%，计算投资的净现值。将您的答案取整精确到千美元。

解

PV 系数：

第 1 年= 1÷（1 + 18%）^ 1≈0.8475

第 2 年= 1÷（1 + 18%）^ 2≈0.7182

第 3 年= 1÷（1 + 18%）^ 3≈0.6086

第 4 年= 1÷（1 + 18%）^ 4≈0.5158

其余的计算总结如下：

年	1	2	3	4
净现金流入	3,411 美元	4,070 美元	5,824 美元	2,065 美元
残值				900
净现金流入总计	3,411 美元	4,070 美元	5,824 美元	2,965 美元
× 现值系数	0.8475	0.7182	0.6086	0.5158
现金流现值	2,890.68 美元	2,923.01 美元	3,544.67 美元	1,529.31 美元
现金流入 PV 总计	10,888 美元			
− 初始投资	− 8,320			
净现值	2,568 美元	千		

项目的净现值（NPV）是计算投资者的财富可能发生的变化，它特别考虑了资金的时间价值作用。它等于项目产生的净现金流入减去项目初始投资的现值。这是用于资本预算中最可靠方法之一，因为它在计算中通过使用折扣现金流，考虑到了资金的时间价值。

EVM - 挣值管理

许多企业使用 EVM 监督项目的进度。

EVM 代表**挣值管理**，这是一种以客观方式衡量项目绩效和进度的项目管理方法。

挣值管理（EVM）能够帮助项目经理衡量项目绩效。这是一个系统的项目管理过程，能够根据对比已完成的工作与已计划的工作的对比结果找出项目之间的差异。EVM 可用于成本和进度控制，有助于项目结果的事先预测。

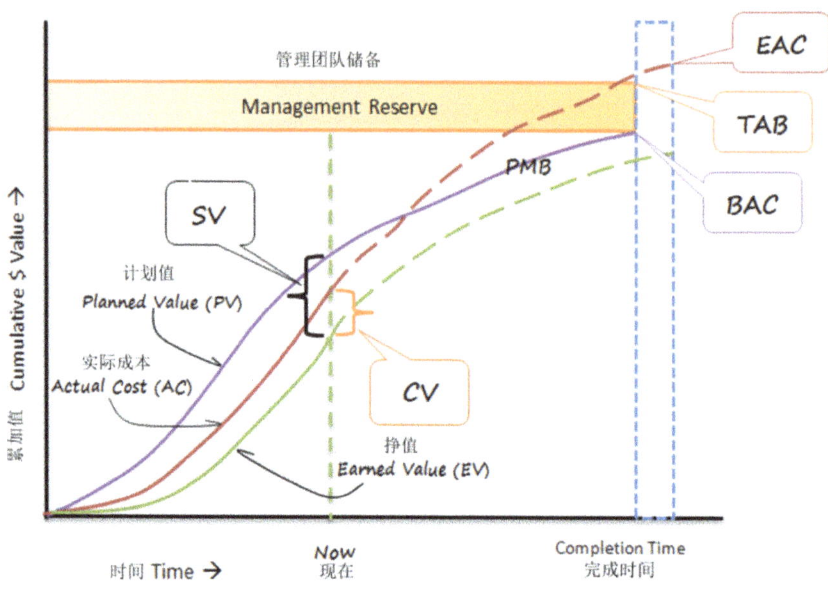

>> 图表：挣值管理 <<

SV - 计划差异。某个活动实际使用的日程表与其应该使用的日程表存在的区别。

PV - 计划值。这是分配给既定项目的授权预算。这是在整个阶段或项目期间进行分配的。

AC - 实际成本。这是在特定时间和特定活动下，开展工作所花费的实际预算金额。

CV - 成本差异。某个活动实际使用的预算与其应该使用的预算存在区别。

EV - 挣值。这是在特定时间和特定活动下。执行工作的实际价值。这是用该活动的批准预算表示的。

BAC - 完成预算。这是整个项目所有活动的总计划价值。换而言之，这是项目结束时您最终将花费在项目工作上的计划金额。我们说'计划'是因为 BAC 是在计划期间计算得出的，远远早于项目完成时间。

EAC - 完成评估。这是根据工作的已完成的工作量的时间计算的。这是项目结束时测量活动预期成本的方法。EAC 可能与 BAC 不同。

TAB - 总分配预算。也称为总项目资金。这是项目所有活动级别的预算总和 - 绩效管理基准（PMB）+ 管理储备。

PMB - 总计划值，有时被称为绩效测量基线。PMB 是完成工作的时间阶段预算计划，与经过衡量的合约绩效不同。请注意，这不包含管理储备。

EV 数据的生产要求直接从项目计划中获得绩效衡量基准，包括以下内容：

- **绩效评估基准（PMB）**：PMB 包括执行项目中的工作所需资源（人力与物力）的时间分段总和，我们通常在工作分解结构（WBS）开展 EV 分析。PMB 通常以累计 X/Y 曲线（如上图所示）的形式显示。这是使用 EVM 指标比较成本和进度表现的“基准”。完整的 PMB 还应包括并定义衡量项目整个生命周期的挣值的方法。
- **客观衡量进度**：必须定期评估进度情况 - 有很多方法可以做到这一点，重要法则（由大量证据支持）是方法越主观，EV 数据可靠性越低，下游产生不想要的“意外”的空间越大。
- **实际成本 - 劳动力和物力：**必须根据 PMB 中的因素收集实际成本数据——这要求企业系统和流程能够通过 EVM 系统

采用的结构有效且及时地收集实际成本数据——而不是从企业系统直接的产生。

其目标是将 EV 数据嵌入到项目日常管理的实践中，从而在项目工作层面上，基于对成本和日程目标的真实状态的知情分析，改进决策的制定。

尽管挣值管理能够为捕捉的项目成本和日程绩效提供了一种有用且强大的方法，但它并未满足对产品规格或客户期望的考虑。某个项目可能在成本控制和日程管理方面表现良好，但如果项目不符合产品规格或客户期望，则会对项目的成功产生负面影响。

挣值组件

- 计划价值（又名 BCWS）
  - 您计划在某个时间点完成多少工作（人 - 小时）（这就是计划中的 WBS）
- 实际成本（又名 ACWP）
  - 您在特定时间点实际完成了多少工作（人 - 小时）
- 计划价值（又名 BCWS）
  - 这个数值（人 - 小时）是根据您在特定时间点完成的基准预算（或完成百分比X计划值）产生的。

挣值组件：示例

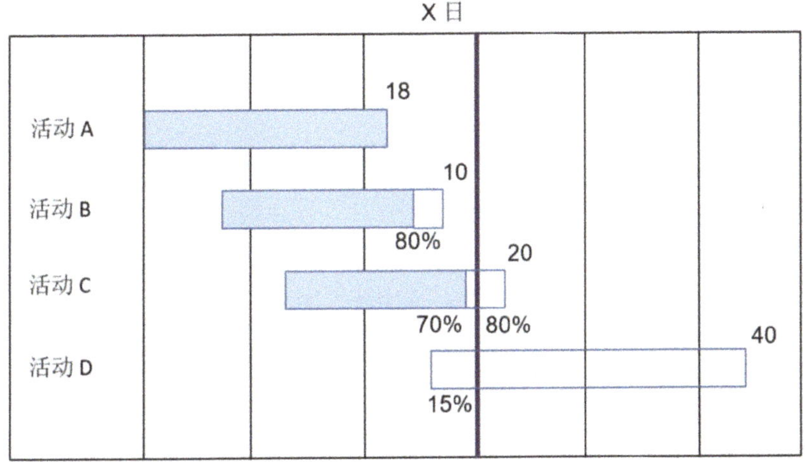

>> 图表：挣值管理范例 <<

第 X 日：

- 计划价值（计划工作的预算成本，BCWS）= 18 + 10 + 16 + 6 = 50
- 挣值（计划工作的预算成本，BCWP）= 18 + 8 + 14 + 0 = 40
- 实际成本（所执行的工作，ACWP）= 45（从你的项目跟踪——不在上面的图标显示里）

QPI - 质量绩效指数

质量绩效指数（QPI）可以用来衡量项目结果是否符合原始要求或规范。质量绩效指数（QPI）是衡量项目标准和程序应用的一致性以及交付产品与项目规范的一致性的方法。

在许多情况下，行业专家的评估审查可适用于质量检查。例如，满分 10 分，得到 9 分将意味着符合 90% 的要求。

另一种方法是直接验证交付成果，并与产品规格进行比较并计算出一致性的百分比。 质量审查可以应用于产品需求说明、客户满意度或该项目的可交付成果。

不是所有项目在已建立的组合中都具有同等的价值。在衡量项目绩效时，我们需要考虑相关的战略收益。 项目绩效衡量方法需要在组合层面上进行汇总。

为了衡量单个项目绩效，可以使用计划绩效指数（SPI）和成本绩效指数（CPI）等指标。

SPI - 计划绩效指数

计划绩效表明与计划的项目时间表相比，您的实际进度速度如何。SPI 测量计划绩效的方法，以挣值与计划值的比率表示。 SPI 为您提供项目的计划绩效的信息。这是项目的时间使用效率。

计划绩效指数可以通过用挣值除以计划值得出。

计划绩效指数=（挣值）/（计划值）

SPI = EV / PV

用上面的公式，你可以得出结论：

- 如果 SPI 大于 1，则意味着已完成的工作多于计划的工作。换而言之，你超过了计划。
- 如果 SPI 小于 1，则意味着已完成的工作少于计划的工作。换而言之，你落后了计划。
- 如果 SPI 等于 1，则意味着工作正在按计划完成的速度完成，您准时完成了。

计划绩效指数（SPI）示例

你有一个要在 12个月内完成的项目，该项目的预算为 10 万美元。6 个月过去，已经花费了 6 万美元，但仔细审查之后，你发现目前只完成了 40% 的工作。

找出计划绩效指数并推断项目是否落后或提前。

已知：

实际成本（AC）= 60,000 美元

计划值（PV）= 50% 的 100,000 美元

= 50,000 美元

挣值（EV）= 40% 的 100,000 美元

= 40,000 美元

现在，

计划绩效指数（SPI）= EV / PV

= 40,000 / 50,000

= 0.8

因此，计划绩效指数为 0.8

由于计划绩效指数小于 1，所以你落后于计划。

CPI - 成本绩效指数

成本绩效指数可帮助您分析项目的成本使用效率。它衡量了已完成工作的价值和项目中已花费成本的比率。成本绩效指数（CPI）是衡量预算资源成本效率的一个指标，以挣值与实际成本的比率表示。

成本绩效指标详细说明了您在项目中花费的每一美元换来的收益。成本绩效指数表明了该项目的预算安排有多好。

成本绩效指数公式（CPI）

成本绩效指数可以通过用挣值除以实际成本得出。

成本绩效指数=（挣值）/（实际成本）

CPI = EV / AC

用上面的公式，你可以得出结论：

- 如果 CPI 小于 1，也就是您的收益低于花费的金额。换而言之，您的支出超出了预算。
- 如果 CPI 大于 1，也就是您的收益多于花费的金额。换而言之，您的支出在预算之内。
- 如果 CPI 等于 1，这意味着收入和支出是相等的。您可以说您是严格按照计划的预算支出费用的，在现实中这很少发生。

成本绩效指数（CPI）示例

你有一个要在 12个月内完成的项目，该项目的预算为 10 万美元。6 个月过去，已经花费了 6 万美元，但仔细审查之后，你发现目前只完成了 40% 的工作。

该项目的成本绩效指数将显示您是否超出了预算。

已知：

实际成本（AC）= 60,000 美元

计划值（PV）= 50% 的 100,000 美元

= 50,000 美元

挣值（EV）= 40% 的 100,000 美元

= 40,000 美元

现在，

成本绩效指数（CPI）= EV / AC

= 40,000 / 60,000

= 0.67

因此，成本绩效指数为 0.67

由于成本绩效指数小于 1，这意味着您每消费 1 美元就可赚取 0.67 美元。换句话说，您已超出预算。

运营组合管理指标

帮助决策者监督、评估和控制组合绩效与战略目标的一种方法是使用包含收益的组合控制面板。这种特殊的控制面板是一个简单的视觉辅助工具，用于评估组合如何从宏观角度来执行，以及单个项目的绩效如何影响他们所支持的战略目标。

组合控制面板

控制面板允许管理团队专注于需要关注和采取行动的问题项目。

例如，通过对组合综合状态的汇总，和每个项目的状态，可以看到顶层项目组合和个别项目的主要变化。坚持简单化，和使用红黄绿的状态。很容易确定那些需要采取行动和需要做出决定的项目。

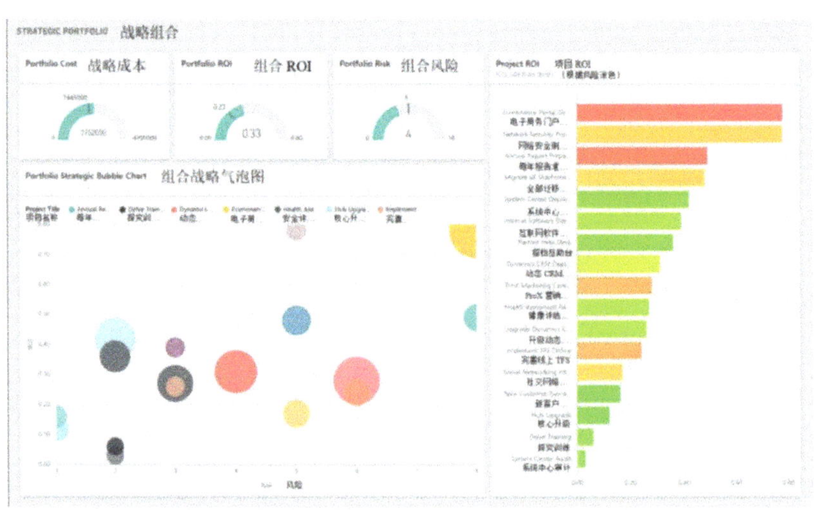

>> 示例：控制面板图表 1 <<

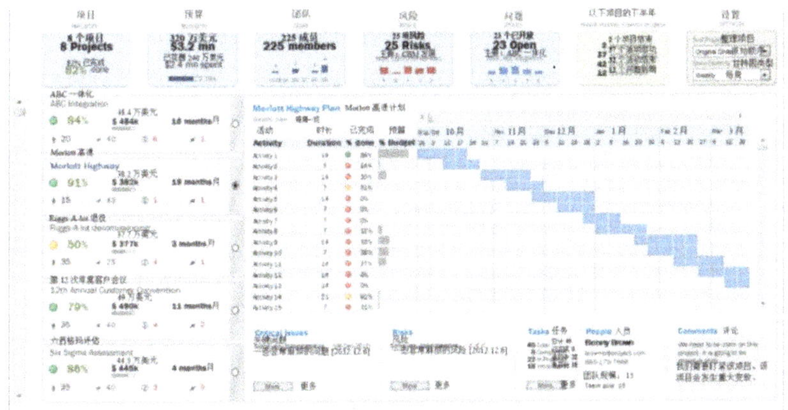

>> 示例：控制面板图表 2 <<

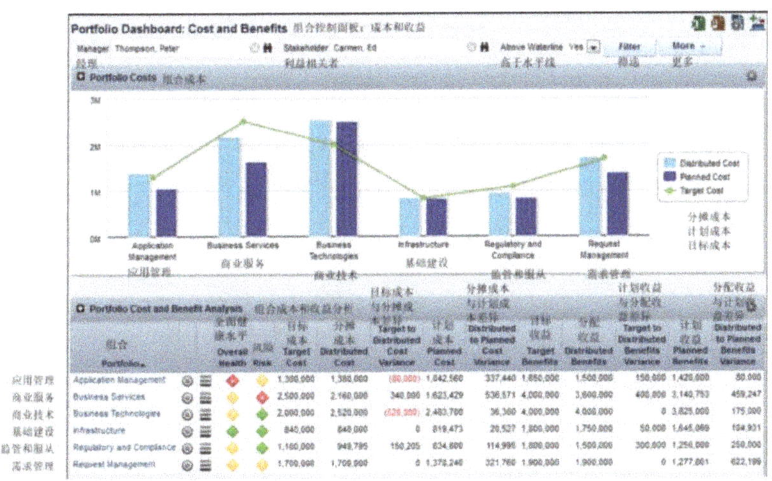

>> 示例：控制面板图表 3 <<

市面上有许多商业工具和解决方案。要确定现有的最适合您的企业需求的工具，您可以参考 Gartner 的建议。

Gartner 是一家美国研究和咨询公司，为全球 IT 业和其他商业领袖提供信息技术相关的建议。Gartner 每年都会在通用组合管理平台和解决方案方面发布 Magic Quadrant。

组合 SPI 和组合 CPI

单个项目的 SPI 和 CPI 可以合成、合并到组合级别指标中。

组合SPI 的计算方法是将每个指数乘以该项目的优先级，得出相应的组合指数。
例如，项目 x 的 SPI 可以乘以 0.2 的优先级。所有项目都使用项目 SPI 乘以其优先级来计算。总和为组合SPI。

组合CPI 同样使用项目 CPI 乘以其优先级并相加。

组合收益指数

组合收益指数标准解决了如何通过实现战略目的和目标来评估组合绩效的问题。

就项目执行中正在进行的战略目标而言，评估当前组合的绩效是非常重要的。一般来说，预期收益在组合执行过程中会有所改变。

计划收益代表所有候选项目间的加权优先级。 **计划收益**通常不会改变，除非在战略规划中重新确定项目的优先级。

考虑到项目风险，**计划收益**会因**预期收益**减少。通常，最佳组合代表总**预期收益**最高的组合，而不是在具体的潜在威胁下的总**计划收益**最高的组合。

随着项目和组合的执行和进行，会遇到风险并且需要管理风险。风

险可以通过提高或降低实现企业的目标，和目标成功的可能性来影响预期收益

前面部分描述的风险是与实现项目和投资组合收益密切相关的指标。

风险代表项目不能成功完成的可能性。

如果项目没有成功完成，它将不会产生最初预期的计划利益。之后也不会帮助企业实现其战略目标。

风险可用于评估最初决定项目组合选择的预期收益值的变化。

在报告周期内完成当前的预期利益，可以使用风险来评估和减少计划利益。

随着项目和组合的实施和工作取得的进展，我们可以监督和预测完成后取得的战略收益的可能性。 随着时间的推移，预计收益与计划收益的差异可以用来确定项目是否仍处于实现战略收益的正轨上。

项目预期收益和**组合预期收益**可以帮助评估项目和组合对**计划收益**的影响。在完成项目组合选择和项目工作取得进展后，项目风险将发生变化。比较当前项目和组合的预期收益和计划收益，可以帮助运营组合管理提高组合完成战略目标的进度。

可以合并组合绩效信息以评估能够体现出战略收益的组合绩效。

组合收益指标是综合单个项目绩效评估结果和相对战略收益的评估工具。这也是战略组合级别的绩效指标。可以利用这些 OPM 工具在控制面板中直观地显示各种指标。管理团队可以对组合内的项目

或整个组合进行必要的调整或作出主动的决策。

战略调整指标

- 项目数量 - 以及投资金额的百分比 - 与每个业务目标相关
- 已完成战略项目的数量与战略项目的总数
- 按项目群、组合和投资分解的投资回报。
- 业务运营的组合的百分比
- 业务增长的组合的百分比
- 业务创新的组合的百分比
- 短期，中期，和长期项目的组合的百分比
- 大型和超大型项目的组合的百分比

需求和生产能力指标

在当前的生产能力下，我们对项目的优先顺序和先后顺序是否有正确的排列？

- 等待申请项目数增长的百分比
- 已批准项目占所有审批项目的百分比
- 包括人力、物力、和资本的资源利用率
- 人员招聘的状态
- 供应商渠道的周转时间和产能

运营效率指标

- 每个组合中按时交付和预算交付的项目总数之间的百分比
- 产品上市时间，或从创意到上市的时间，流程中各个阶段的时间长度
- 与预算金额相关的资源使用状态
- 花费在项目上的时间，和日常维护工作的时间之间的百分比
- 已完成项目数量，已取消或正在进行的项目数量
- 在整合工作中节省了资金

执行指标

- 在预算内按时完成项目的失败率和成功率
- 项目的实际成本与计划成本的预算偏差
- 项目质量指标：缺陷数量，以及解决缺陷的时间
- 每个项目变更的请求，和需求功能增加的数量
- 项目中每个阶段的资源利用率，实际值与预算值的差距
- 风险管理：确认的风险和缓解计划的数量
- 未使用的已分配金额

价值交付指标

- 实现收益与预测收益
- 客户或用户的满意度百分比，以及与前一时期相比的百分比变化
- 节约的成本，或增加的收入
- 增加的生产力
- 消除或者缓解的风险

企业组合管理工具

许多企业使用 Excel 电子表格来管理运营组合的各种活动，并且它们非常适合用于部门见的活动管理。确定模板并使用宏和公式可以让操作更加高效。还有用来显示状态的插图和图表。

还有许多支持各种运营组合管理活动的特定工具，包括 Microsoft Project 和 SmartSheet Cloud Solutions。

还有 Gartner 提供的用于组合管理的 Magic Quadrant 。Magic Quadrant 上的许多供应商都专注于通用或企业范围的组合管理。例如，许多企业都在使用的 Planview、Changepoint、CA Technologies。

在评估和定位本研究中包含的供应商时，重点在于研究这些组合管理工具的功能。它们是否能够支持适合自己企业的特定使用场景，包括企业级组合管理、报告型组合管理、部门合作型组合管理，或者内部的 IT 组合管理。

就个人而言，我更喜欢且经常使用以下工具。我发现非常好用，维护成本非常低。此外，它们都能够轻松支持多部门和多人同时合作。

- SmartSheet
- ServiceNow
- Google Sheets

谁是 OPM 中的巨头？

全球咨询市场的主要参与者是被统称为“五大巨头”的咨询公司。

这些公司是：

- 埃森哲（原安德森咨询公司）
- 德勤咨询（Deloitte Consulting）
- 安永会计师事务所
- 毕马威咨询
- 普华永道

五大公司的每一家都为商业咨询服务的提供设立了卓越的能力标准，包括组合管理服务。它们在所有专业领域的知识的深度和广度令人印象深刻。

真实世界的案例研究 - 创业公司

创业公司需要经常处理的风险并不比大企业少。 准确评估整个创业公司业务组合风险是非常重要的。

几年前，我创办了一家技术咨询公司，负责部署和支持客户的企业系统解决方案。

制定战略

当一个企业成立，我们通常要对我们需要做的事情有一个大致的想法，即使刚开始时这一切并不十分明朗。我们花了很多时间制定战略。

例如，我们问自己：

- 我们的客户是谁
- 我们提供哪些服务和产品
- 我们将如何为客户提供价值
- 我们将采用什么战略来发展业务
- 最后，我们将如何产生利润

随着这些讨论和头脑风暴的进行，我们决定，我们的创业公司将专注于小型和大型上市公司之间的中小型成长型公司。

原因是大公司相当成熟且被广泛接受。大公司已经有了他们的供应商基础，因此想要打入其中并不容易。另一方面，对于小企业来说，他们刚刚起步，他们有很多事情要做。但是，他们的预算紧张，他们的业务可能不稳定。

我们专注于那些中等规模的成长型公司，因为他们处于增长阶段，同时他们也非常需要稳定的运营。而且，他们有这种愿望和财务实力。

我们相信这是我们可以专注的机会。一旦我们记住了这一点，它确实能够帮助我们在战略上保持一致。这让我们能够集中有限的资源和资金来建立我们的业务合作模式。

优先化

在我们在战略上统一思想后，下一步就是优先化所有不同的活动。我们当时可以选择提供很多业务，例如提供企业系统的日常服务支持、帮助企业开发他们的解决方案，或者开发自己的产品。因为有很多运营创业公司的方法。我们必须完成优先化并专注于我们可以完成的有限的项目。

通过分析这些商业机会和互相交流，我们确定从帮助企业开发他们的解决方案开始。换句话说，我们将帮助我们的客户进行设计、实施并支持他们的解决方案以满足他们的业务增长需求。

另外，我们同时也在进行内部产品的初步设计。不必花费大量的资金，我们可以进行初始的产品设计和概念验证。

六个月后，随着获得由我们的客户带来的收益，我们能够利用这些收入，将其分配到未来的产品开发中去。

优先化非常重要，因为我们无疑可以做很多事情，但由于受到资源和金钱限制，我们必须优先考虑某些项目。我们必须确定哪些是最重要的事情。

在我们当时的情况下，我们决定先专注于帮助企业开发他们的解决方案，然后，在我们达成初步目标后，我们将检查我们的优先事项并做出必要的调整。事实上，这样的工作方法非常有效。

优化

一旦我们制定了战略并了解我们的优先级，下一步就是重点在于交付的运营工作。管理我们的可用资源并学习处理不同部门的依赖关系非常重要。

例如，我们只有少量的关键技术资源。我们必须仔细的调配这些资源，确保能够正确有效地利用和分派这些专业人才。我们必须保持企业运作的有序运行。

一方面，我们希望能够充分使用这些技术人才。另一方面，我们不想过度让他们加班加点，否则他们很快就会筋疲力尽。 我们只想确定一种管理这些有限人力资源的可持续模式。在当时，我们使用简单的电子表格来追踪他们的项目、任务以及预计持续时间和小时数。

资金方面，我们的资金有限。我们非常小心地管理现金流。我们提供服务时，通常不会立刻收到应得款项。

很多时候，我们不得不等待几个月才能看到支付给我们的款项。 当我们对财务支出做预测时，我们必须懂得款项通常要到项目后期才能收到，而我们必须预先支付员工和企业运营的费用。我们必须尽可能地优化我们的结算周期，并向客户及时发送所花费的账单，这能为财务的周转提供很大的便利。

另一个企业优化的例子是在整个交付周期内使用不同级别的人员组合。在技术市场上，通常只有几个有限的高级技术人才，较多的中级人员，和大量的初级人员。在最初的参与和设计中，我们将理解客户需求和设计解决方案分配给了最有经验的高级工程师。在项目签约到手后，我们在实施过程中使用了我们的全球资源，这样一方面有足够的人力来完成项目，同时又能控制成本。

在财务方面，我们与合作伙伴就合作条款进行谈判，通常情况下，我们不必提前付款，因为他们同意等到获得我们的客户向我们支付费用后，我们再向他们付款。

追踪

我们进行微监控，但这并不是微管理。当我们给予我们的经理和技术人员权力和信任时，他们才能够更好地完成工作。同时，我们制定了评估标准和指标。例如，对于业务发展，我们必须知道我们拥有的业务线索的数量、我们正在进行的业务数量、响应率、每周转化率以及营销和推广工作的有效程度。

关于项目服务的提供和资源管理，我们需要了解每个员工每周的工作时长，以及我们是否有效地对他们的时间表进行管理。此外，我们必须经常即时的为客户提供账单。如果我们没有及时收到付款，我们会立刻提醒财务部门，及时追踪这些账单。

从商业运营角度来看，运营细节的可见性非常重要。我们不能想当然地认为一切正常，我们必须非常密切地监督整体运营。

创业公司充满了激情和活力。与此同时，企业的变化速度可能非常快。落实 OPM 的框架可以预测即将发生变化的事项。

我们必须让 OPM 帮助管理这些业务动态，以便在事情发生变化时保持专注。 OPM 让我们能够：

- 快速了解，快速反应，和快速调整我们的优先顺序
- 专注于企业的战略目标
- 帮助我们了解自己的局限性和竞争力。

最重要的一点：当我们采用运营组合管理时，它能够帮助企业以非

常有组织的结构化的方式平稳运营。

风险管理

对于许多创业公司而言，风险管理是通常被忽视的领域。它们的心态是，“是的，我已经知道这个风险了，但我太忙了。 我们会在风险发生时进行处理。 ”

不幸的是，如果我们不够关注风险，那么当它发生时，它可能会置公司于死地。因此，我们必须谨慎行事，了解如何进行风险管理并落实到位，因为当这些风险真的发生时，风险管理确实能够帮助公司，因为我们知道如何应对它们。

在管理创业公司时，我们必须应对很多风险，例如财务风险、运营风险以及战略风险。

财务风险

长期成功的重要因素，包括资金风险、投资风险、定价风险或信用风险等。

成本方面，任何支出的增加都能为创业公司造成压力，因为他们通常是在预算紧张的情况下运作的。在竞争激烈的环境中，劳动力成本、燃料成本、市场营销活动成本等都会在短时间内耗尽公司预算。许多创业公司缺少足够的现金流，严重依赖于日常运营的有限收入来勉强维持企业的运营。

我们必须非常小心地管理公司的现金流。很多情况下，我们必须在收到客户付款之前先要支付我们的员工和公司的日常开销。保证足够的现金储备是非常关键的。

另外，我们需要追踪并及时向客户提供账单。此外，我们要求我们的客户经理专注于催收客户的付款（企业应收账款），让财务部门固定报告各类项目的人员时间表管理和日常账目（企业付出账款）。

一个企业可能遭受的由财务风险带来的后果与该公司的财务交易规模有关。例如，借入资金必须与其业务范围一致。当我们管理1 或2个项目时，现金流相对较少。当我们管理十几个或更多的项目时，财务交易明显增加。与开展 2 个项目相比，12 个并行项目的现金流的压力和风险更高。

有一种情况是，资金需求规划不够完善，能够收到的现金金额与我们预测现金流不符。我们有一个项目在缺少现金的情况下继续运营，后来影响并被迫推迟以后的项目。我们吸取了这次教训，和银行建立了业务信用额度，将其作为降低财务风险的一种方法。

我们还将财务年度的结束时间改为 3 月 30 日。与 12 月 31 日结束的财务年度相比，这帮助我们避免了12月年终财务结束时可能发生的混乱。

在预算方面，对于许多创业公司来说，每一分钱都很重要。尽管大公司在人力资源方面并不总是拥有更多的优势，但他们有更多的选择来分配资源，而创业公司则不能。创业公司只能直接面对风险，不能回避。这就是为什么创业公司的高层领导应该更加重视风险管理。

运营风险

运营风险经常被归为人为风险：由人为错误导致业务运营失败。

尽管如此，运营风险还包括企业内部相关人员、已提供的产品或服务、运营系统和外部因素。高级员工的流失和专家技术人员的短缺都会导致人力的浪费，产生额外的人员培训成本。从长远来看，人员因素能够提高或降低运营生产力，并影响到创业公司的品牌形象和吸引人才的能力。

例如，在我们的内部时间表审查过程中，我们发现了一位咨询顾问，他向我们的客户收取了额外的咨询费用和未经授权的项目费用。虽然我们相信我们的员工，但我们必须建立一个内部系统来验证和确认。

由于客户的不满意或声誉不佳造成的日常的小额损失，不断积累会增加公司的成本，并严重损害了公司在财务和市场表现。 管理运营风险的关键一步是监督、审查和更新当前的管理数据和结构。

与其他行业的企业相比，高科技企业具有更强的创新能力、更高的技术效率，因此更易受到技术相关风险的影响。

提供技术产品或服务的公司，尤其存在涉及知识产权、资产和系统问题的风险。创新技术需要开发自己独特的企业运作系统，但妥善的管理这些系统也是非常的重要。不断创新是技术公司运营的灵魂。泄露机密信息将导致由竞争对手和客户带来的盗版行为，从而导致企业声誉受损和市场损失。

如果您管理的是技术咨询公司，强烈建议为您的发明和产品申请专利、商标并注册。严格处理与客户和合作方的技术合作，包括与员工和客户签订保密协议，避免商业资料和知识产权被盗窃或被泄露。

战略风险

这些是由于战略商业计划和决策不当，或者没有按照计划实施导致损失的可能性。

战略风险会对企业的整体收入、资本调度和企业的生存构成威胁。战略计划显示了企业的运作方向以及框架、愿景和目标。战略风险持续存在的可能性越低，企业就越强大，越能够生存下去。

我们的管理人员非常密切地参与到企业会计的活动中，因为该职能专注于企业会计和维护企业的财务记录。它确保了企业遵守法律、法规和企业的政策，并为执行官提供了他们为企业制定正确的财务决策中所需的信息。

另一个需要重点关注的领域是法律的合规性和法律的遵守。企业和专业商业律师是公司和商业法方面的专家。他们理解法律实体之间的差异，如何最好地利用这些律师们以实现不同的目的。他们还协助公司支持商业运作的各种交易。

高级管理团队经常需要平衡增长和利润率之间的优先顺序。将本季度的重点放在增长上，并将下一季度的优先重点放在利润率上是很常见的。对于创业公司而言，由于经常变化和竞争下的商业环境，不断调整优先事项是相当普遍的。

董事会专注于企业提早发现、评估和管理公司的风险。战略风险管理要求将对利益相关者的价值风险的专注作为最终目标，同时考虑外部和内部情形对企业实现其目标的能力的影响。

根据我的经验，董事会有以下三个非常重要的角色。

(1) 建立称职的执行团队

董事会需要确定合适的管理人才来补充现有的管理团队。它有助于弥补管理团队的弱点并填补关键的管理空缺。

例如，如果现有的管理团队擅长产品设计，但并不擅长销售，那么董事会必须带来强大而有能力的执行官来领导销售和市场运营。

虽然这不是一个简单的过程，我们与执行官招聘人员合作，让他了解我们的要求和期望。在候选人选拔和评估过程中，我们会关注他们的相关经验和可衡量的成就。总的来说，我们并没有过多地关注候选人简历上的内容。相反，我们讨论了候选人的经历以及他们在实现销售战略目标方面的想法和方法。

(2) 降低商业风险

董事会必须了解潜在的商业风险，并保证企业战略交付的连续性。

风险管理问题永远是首位。董事会需要认识到，风险管理是董事会决策中越来越具有挑战性的部分。

董事会成员必须足够了解风险管理，即使他们缺乏该领域的专业知识。董事会可能会要求外部顾问的专家意见，帮助他们在缺乏该领域专业知识的情况下审查企业的风险。

这同时能够帮助管理团队熟悉该行业以及该企业有关的监管机构。

在董事会面临的所有风险管理挑战中，最大的挑战是如何在企业发展的同时保护企业免受不必要的风险影响，从而不会对业务的发展产生负面的影响。

例如，董事会必须要求执行官、经理和员工遵守所有领域的法律和政策。

(3) 强化财务责任。

董事会需要根据批准的预算来监督实际的财务表现。 董事会需要监督企业的现金流，因为它有责任避免企业破产。 除了年度预算外，建立长期的战略发展目标可以逐渐建立起企业的财务实力。

董事会确保企业有充足的财务资源。这可能包括寻求额外的风险投资、个人投资或业务信贷额度。

商业保险

事实上，我们可以控制和管理风险，但不可能消除风险。因此，即使有很完整的计划、评估并实施了风险管理规划，在过程中的某个阶段也可能发生意外的错误。风险管理技术之一是风险转移。保险可以帮助企业转移风险。保险是企业对冲各种威胁的一种解决方案。

例如，公司必须考虑一些保险政策，如资产保险、普通责任保险、员工赔偿保险和商务汽车保险。

为了保险起见，风险应该符合几个共同的特征。例如，保险公司通常同意：

1. 承包同质风险，
2. 承包历史上出现过大量类似事件的风险，以及
3. 确保索赔成本。

在特定的时间和金额内评估时，可保险的风险不应被归类为灾难性损失，而是能够确定的损失。这意味着风险的影响是可以评估的，并且保险的收益也是可以确定的。

做生意意味着承担风险，从轻微风险到重度风险。但是，为所有的不确定性和风险投保是不值得的。

总结

一般而言，处于扩张阶段的创业公司认为自己本身就是一种风险。因此，创业公司经常面临急剧增长的风险，而大公司则通过防御风险来确保运营实力。

在创业工作环境中，每个活动都是密切关联的，它们之间直接相互影响。创业企业的风险管理不应该是独立计划，而应结合其他管理流程：商业战略计划、人力资源管理、财务管理和客户关系管理。

就其性质而言，创业公司通常是由成功和乐观的企业家来建立的。由于这些领导者在创立和领导企业方面取得的成功，他们往往十分自信，这会导致许多创业公司将风险管理计划放在优先事项列表的末位。

风险管理对于确保企业的资本和其他财产至关重要。然而，风险也往往伴随着企业发展的各种机会。

因此，商业战略中经常强调，风险管理不是完全禁止风险，而是要了解风险水平，并将风险恰当地纳入发展和增长。

风险管理强调的是预测变化的业务能力，而不是避免风险。避免风险意味着等待事件发生再做出应对反应，而不是为变化做准备。

这是我对创业公司的一些看法的总结，

运营创业公司的初期，最初的很多想法不一定会得到实现。许多企业家凭着直觉开展商业活动，凭直觉行事，这往往造成注意力的分散。

在我们完成概念验证时有效的一些项目，在我们付诸最终实践时并不能保证最终的成功。

临时的决策和随机的好运气并不是成功的秘密配方。

相反，秘密配方是，充分理解目标市场和实际需求，建立的企业运作的自律和一致性、预先做好充分的准备，和对风险的理解和应因措施。

真实世界的案例研究 - 大型全球企业

该公司是全球最大的高科技制造商之一，已经收购了两家价值数十亿美元的公司，当时正处于关键并购转型期间。在花费大量时间为公司制定良好的战略计划后，必须改进企业的营运和项目的执行。

高层领导团队认识到了对所有项目进行必要调整的重要性。这样才能符合最新企业发展的方向和战略。当时，并购后的公司有三套不同的项目管理流程。它们在管理各种企业项目中不一致而且缺乏整体规划。

公司决定建立一个集中的企业项目管理办公室（PMO）。要让 PMO 提供最高的行政效率，PMO 组织需要一定的活力、各部门的参与，和管理层的大力支持。

PMO 首先进行了详细评估，了解三家公司现有的结构和流程。这包括母公司和两家被收购的公司。第二步是确认三家公司的项目组织结构和流程。

根据这些评估得出的结果，公司确定了与 PMO 相关战略能力的四个关键领域：

- 明确 PMO 的实施范围、目标和发挥的作用
- 能够即时有效的完成各类大型项目
- 建立项目开发的组织能力，和标准的项目管理方法
- 为了有效地推广标准化的项目管理方法，提供管理层执行的培训。

通过讨论和商量的步骤包括：

- 制定建立 PMO 的规划，同时引导和帮助 PMO 团队继续推动仍然进行的活动。

- 对现有的流程进行评估，采访利益相关者和审核整个项目开发的过程。找出差距并制定改善的计划，以推动对后续项目开发能力的改进。
- 向企业高层管理人员即时汇报并听取他们的意见，以得到他们的支持和资助。
- 确定流程细节、角色和职责（包括模板和范例），利用在线工具提高效率。
- 通过在线直接反馈和建议来优化整个流程。
- 保留一定数量的专职人员，专注于日常运营的开展和持续。
- 基于 PMO 的路线图开始改进开发能力。在完成路线图的同时，推动项目开发能力的进一步提高。
- 乘热打铁，创造企业的开发动能，同时推动企业的文化变革。
- 安排 PMO 标准项目开发流程的沟通和后续培训。

在沟通阶段，就以下事项进行讨论和调整，

- 项目团队的组织结构和管理方法
- 项目的背景和概述
- 目标和战略目标
- 成功因素和标准
- 问题、风险和假设的管理
- 高级里程碑的时间表
- 项目的沟通计划
- 变更的管理计划

高级管理层认为，战略调整的第一步是做正确的项目。所以，PMP 确定项目组合并对每个项目进行分类，明确地把这些项目归类为正在进行的项目，或者未决定的项目。把所有这些项目列成一个清单。同时沟通项目的审批流程，说明如何登记新项目，进行优先化评估来管理并购后所有项目的组合。

公司觉得必须充分相信开发团队，并授予每个项目团队经理应有的权力，来发展团队的成员。在这个过程中，完善了 PMO 的组织结构，明确了各个职能以及管理框架。这些项目经理成为转型过程中不可或缺的一部分。

把公司的价值观，项目组合管理，以及项目管理结合起来，在整个企业内展开项目开发流程和方法的研讨会和培训。

这些努力取得了成功，因此，合并后的公司建立了企业组合运行管理的框架和企业内项目开发的标准化。

- 所有的企业项目都使用标准的组合管理流程进行注册、完成优先化、财力资助和开发管理，使公司能够清楚地了解所有企业项目的提案和投资决策。
- 带领企业范围内项目管理文化的变革，这也是一项重大的企业组织的变革。
- 项目团队和部门领导之间合作关系更加坚固，项目库存和状态更加透明。
- 项目选择和时间安排的优先化，包括否决某些不符合战略目标的项目。

与小公司相比，大公司的组织规模更大，通常在世界各地都有自己的员工。配合是非常重要的。让大公司中的每个人在企业愿景和目标上达成一致始终是一项挑战。确保清楚企业和每个员工想要实现的目标、需要做的事情以及明确的优先事项是一项长期工作。

建立运营组合管理方法让每个部门的意见能够达成一致，并且拥有衡量整体绩效的标准指标。

为关键项目制定战略并执行优先化，这对企业层面的项目提案显得尤为重要。对于许多大型企业来说，由不同的职能部门同时开展多个项目是非常常见的。如果这些项目的管理不到位或不够有效，那他们可能没有足够的相互沟通。因此，这是评估所有重要企业活动、跨部门、跨地区、跨越整个公司的重要环节。

当我们进行优先化时，我们必须维持平衡。有一些短期战略项目是我们不能推迟平且必须做的，也有一些长期战略性项目提案是我们必须开始做的。虽然有些长期的项目提案需要很长一段时间才能看到回报，但我们也必须优先推动这些项目。对项目的评估，我们必须始终关注企业战略目标的实现。

对于有些总是非常繁忙的公司来说，由于市场的变化，不同时期，注意力很容易被转移到不同的项目。无论如何，关注优先化的过程是企业最重要的一部分。

优化是另一个重要的因素。由于公司规模很大，因此创新往往牵涉许多人员、许多资源和许多供应商。在企业的各种项目活动的过程中，为所有人提供同等的可视性是非常有效的。有了更好的可视性后，我们能够更加有效地管理关键人力资源，并提高其利用率。这些人力资源有可能更有效地得以利用，并得到更好的结果。

在优化期间，另一个需要考虑的因素是跨功能依赖性。例如，项目 A 的优先级非常高，但在项目 B 完成之前无法启动。因此，项目 A 取决于项目 B 的完成情况。在这种情况下，我们需要重新安排项目 A 中的关键资源，直到项目 B 完成。

作为优化的一部分，我们可以不断调整我们的资源以提高利用率。

在 OPM 中项目有很多状态变化，疑惑和难题需要处理。一定要确保信息的透明化和一致性。在公司组织层面，我们必须追踪整体各项目的进展。我们需要确保项目开发，和日常运营服务等所有关键活动是根据我们业务目标而开展的。

另一个重要项目是强化管理控制。我们不想微管理，但我们要微监督。也就是说，管理团队在必要时可以随时对项目的各项活动进行干预。

最后的想法

企业需要将尖端研究即时转化为战略的执行。运营组合管理要坚决执行企业的计划流程。

为了实现企业的战略目标，我们必须经常问自己，我们是否很好地了解了所有风险，以及我们是否有一个有效的风险控制机制。

运营组合管理为人力、设备和财务的各种资源配置提供了合理安排的基础。

对于一些公司来说，最稀缺的资源不是金钱而是人。是否有足够的各种资源是项目选择的关键因素。

- 我们是否可以利用我们现有的资源能力增加新的服务？
- 我们是否有合格的管理人员来管理这个项目？
- 我们是否拥有该项目所需的所有关键资源？

运营组合管理，让所有参与者对项目的进展、企业提供的服务，和人员利用率有非常清晰的了解。

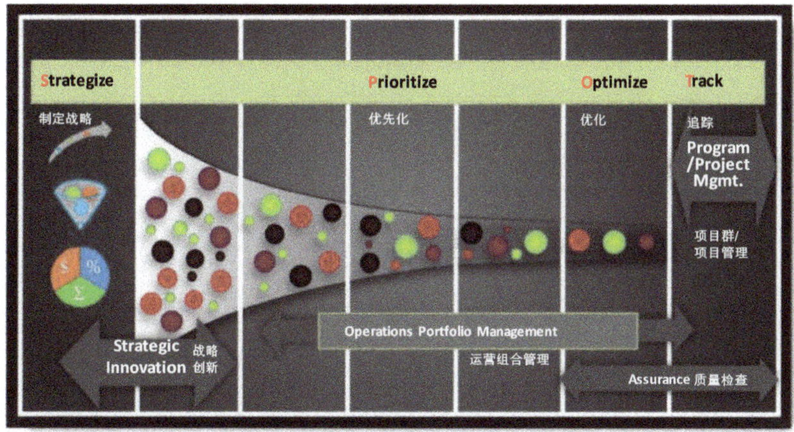

>> 插图：运营组合管理的 SPOT <<

屠霖是一位受人尊敬的企业家。他以平衡运营管理的艺术和科学，来实现企业盈利的能力闻名业界。

基于屠霖的这种理念，他的事业取得了很大的成功。他担任了一些大型企业的高级管理职位，并在由他发起的几家公司中担任执行官。

屠霖有机会管理几家大型跨领域的全球团队，将并购后的多家公司的运营，整合成一个对企业战略计划至关重要并与其保持一致的综合模式。

凭借管理产品部署和运营管理技能方面的企业经验，他有足够的资格谈论运营组合管理的启动、成长的新规则和企业的成功。

屠霖既可以谈论那些让他成为一名出色的企业家的大型企业工作经历，也可以谈论那些他处理商业运营细节的创业经验。

纵观屠霖的整个职业生涯，他始终专注于他的客户，真正了解“重视客户”是让一个企业快速成长的唯一途径。

屠霖有一个幸福美好的家庭，他有两个出色的孩子，在过去的 25 年里，他大部分的时间都在硅谷度过。

ISBN 978-0-692-14119-9
US$23.00
52300>
9 780692 141199

www.ingramcontent.com/pod-product-compliance
Lightning Source LLC
Chambersburg PA
CBHW041915190326
41458CB00024B/6272

* 9 7 8 0 6 9 2 1 4 1 1 9 9 *